शब्द देवता

एक विज्ञानवेत्तारचित कविता-संग्रह

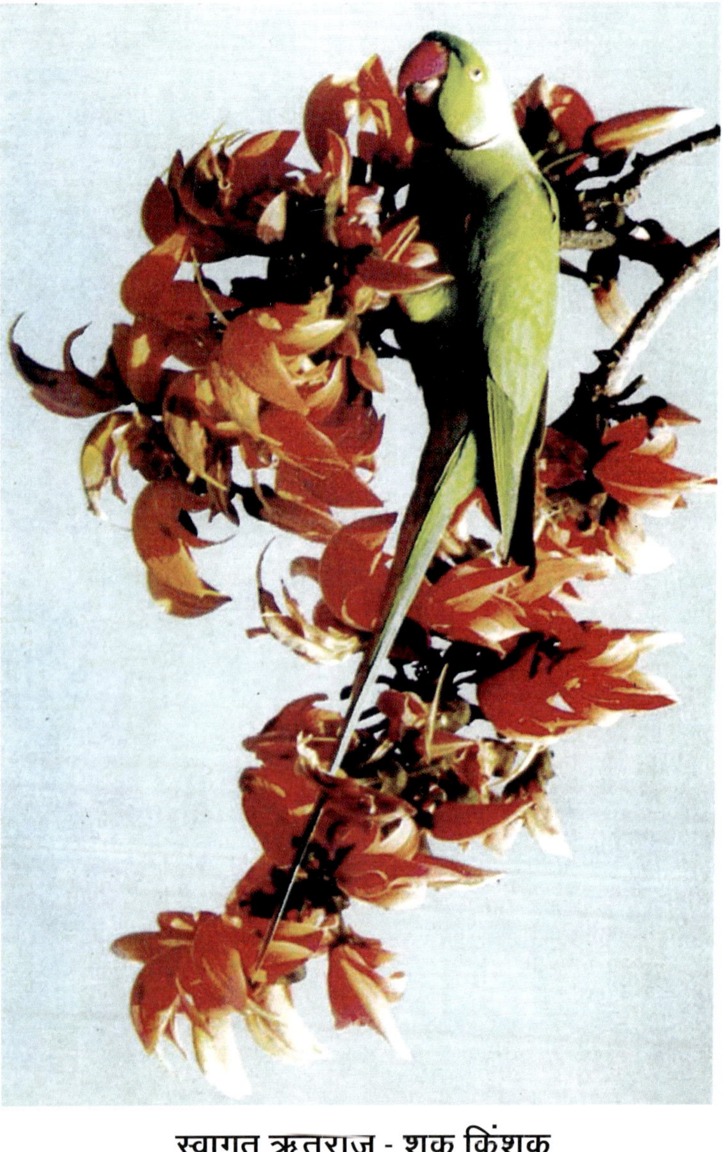

स्वागत ऋतुराज - शुक किंशुक

शब्द देवता

एक विज्ञानवेत्तारचित कविता–संग्रह

डॉ. विद्याभूषण अवस्थी
एम.एससी., पीएच. डी.
सेवानिवृत्त एसोशिएट प्रोफेसर
प्राणि–विज्ञान विभाग
जयनारायण व्यास विश्वविद्यालय
जोधपुर, भारत

SCIENTIFIC PUBLISHERS

प्रकाशक

साइन्टिफिक पब्लिशर्स (इंडिया)
5–ए, न्यू पाली रोड़, पो.बॉ. नं. 91
जोधपुर – 342 001

दिल्ली ऑफिस
4806 / 24, अंसारी रोड़
दरियागंज, न्यू दिल्ली – 110 002

E-mail: info@scientificpub.com
Website: www.scientificpub.com

ISBN: 978-81-7233-925-8

लेजर टाईपसेट – राजेश ओझा
भारत में मुद्रित

अनुक्रमणिका

अपनी बात

साहित्य समाज का दर्पण है और काव्य ब्रह्मानन्द सहोदर। अतः जिसके पढ़ने–लिखने से आनन्द की अनुभूति हो तथा समाज की स्थितियों का दिग्दर्शन हो वही साहित्य है। विधा चाहे कोई भी हो।

मैं हिन्दी साहित्य का विद्यार्थी नहीं हूँ। मैं आज भी विज्ञान का ही विद्यार्थी हूँ। हिन्दी, संस्कृत में रुचि थी सो इनका पढ़ना–लिखना चलता रहा। विश्वविद्यालय के अध्यापन कार्य से निवृत्त होने के बाद हमने अपना रजिस्टर निकाला जिसमें कई दशकों में समय–समय पर लिखी कवितायें संगृहीत हैं। मैं उनमें से कुछ कविताएँ स्वान्तः सुखाय प्रकाशित कर रहा हूँ। ये किसी 'वाद' को लेकर नहीं लिखी गयी हैं। सभी स्वतः स्फूर्त हैं।

रही बात कविता की तो वह न नयी होती है न पुरानी वह मात्र कविता होती है।

कविता तो भावों का स्वतः स्फूर्त प्रवाह है। जो शब्द प्रवाह में आते गये मैं उन्हें लिखता गया। जो नहीं लिख पाया उसे दुबारा स्मरण नहीं कर सका क्योंकि कविता बनने की प्रक्रिया लिखने से कहीं तेज होती है। अर्थ करना तो विद्वानों का काम है हमारे जैसे लोगों का नहीं। एक ही शब्द अनेक अर्थ प्रदान करता है और कभी कभी तो नये शब्द कविताओं में अपने आप ही बन जाते हैं; जो बाद में शब्दकोशों के नये संस्करणों में संगृहीत हो जाते हैं। बहुत

से शब्द अनायास ही बन जाते हैं। उनका अर्थ कवितापाठ से ही खुलता है।

इनमें से कतिपय कविताएँ पत्र–पत्रिकाओं में प्रकाशित हो चुकी हैं। मैं उन सभी सम्पादकों का आभारी हूँ।

प्रथमतः मैं अपने अक्षरगुरु पं॰ राजेन्द्र प्रसाद जी शर्मा प्राचार्य श्री सीताराम एंग्लो संस्कृत विद्यालय, सुमेरपुर, जिला उन्नाव, उत्तर प्रदेश का आभारी हूँ। उनका सिखाया हुआ 'सौन्दर्य लहरी' का पहला श्लोक –

शिवः शक्त्या युक्तो यदि भवति शक्तःप्रभवितुं,
न चेदेवं देवो न खलु कुशलः स्पन्दितुमपि।
अतस्त्वामाराध्यां हरिहरविरंचादिभिरपि,
प्रणन्तुं स्तोतुं वा कथमकृतपुण्यः प्रभवति।।

आज तक याद है। तदुपरान्त, पिताजी डॉ॰ शिवशंकर अवस्थी, प्रोफेसर संस्कृत विभाग, गोरखपुर विश्वविद्यालय, गोरखपुर ने 'सौन्दर्य लहरी' के अनेक श्लोक अर्थ समेत कण्ठस्थ कराये थे जो आज भी स्मृतिलब्ध हैं। आभारी हूँ राजकीय इण्टर कॉलेज, फैजाबाद के अपने गुरुजनों आचार्य पं॰ रामबहोरी शुक्ल एवं आचार्य पं॰ भगीरथ मिश्र जी का, जो बड़ी ही लगन से पढ़ाते थे। इन्हीं द्वय गुरुजनों की प्रेरणा से मैंने जायसी से लेकर दिनकर के समय तक के प्रायः सभी कवियों की रचनायें पढ़ीं और आज 5 दशक बाद भी उन कविताओं के बहुत से अंश कण्ठस्थ हैं।

मैं कोई भाषाशास्त्री नहीं हूँ किन्तु अपने यहाँ कहा जाता है कि हर 20 कि.मी. पर भाषा (बोली) बदल जाती है, जो सही है। इसी प्रकार समय के साथ भी भाषा में परिवर्तन की प्रक्रिया चलती रहती है। पिछले 500 वर्षों में अवधी की बोलचाल की भाषा में काफी बदलाव आया है। इसी प्रकार ब्रज, भोजपुरी, मैथिली आदि में भी परिवर्तन हुए हैं। खड़ी बोली में भी बहुत बदलाव आया है।

मैं भी हिन्दी के प्रचलित शब्द जिस रूप में आते गये उसी रूप में लिखता गया। कुछ कवितायें अवधी में हैं। अवधी में मैंने देइहहिं के स्थान पर देइहैं, भजिहहिं के स्थान पर भजिहैं, जनिहहिं के स्थान पर जनिहैं, होइहहिं के स्थान पर होइहैं, करिहहिं के स्थान पर करिहैं आदि शब्दों का प्रयोग किया है जो तुलसीदास जी से भिन्न है किन्तु आजकल सरल एवं सहज रूप से प्रचलित है। यह स्पष्टीकरण मैंने इसलिए दिया है जिससे किसी प्रकार का भ्रम न रहे। आजकल अवधी भी पूरे इलाके में एक समान न होकर भिन्न–भिन्न स्थानों पर कुछ–न–कुछ अलग तरह से बोली जाती है।

यह सर्वमान्य तथ्य है कि प्रत्येक भाषा (या बोली) समय के अनुसार परिवर्तित एवं परिवर्धित होती जाती है जो उसकी गतिशीलता एवं जीवन्तता का प्रतीक है। हिन्दी एवं उसकी सभी सह–भाषाओं के सम्बन्ध में भी यही बात कही जा सकती है।

'शब्द देवता' का प्रूफ निस्तारण एवं सत् परामर्श जयनारायण व्यास विश्वविद्यालय, जोधपुर के हिन्दी विभाग के प्रोफेसर पूर्णदास जी ने किया है उसके लिए मैं उनका हृदय से आभारी हूँ।

कृतज्ञ हूँ मैं हिन्दी विभाग के ही प्रोफेसर देवेन्द्र कुमार सिंह गौतम जी का जिन्होंने श्रोता बन कर घण्टों तक प्रायः अधिकांश कविताओं को बड़े धैर्यपूर्वक सुना तथा कविताओं को स्थायित्व प्रदान करने की प्रेरणा दी।

'शब्द देवता' को प्रकाशित करने के लिए इसके प्रकाशक श्री प्रहलादराय जी शर्मा एवं श्री पवनकुमार जी शर्मा का विशेष आभारी हूँ जिन्होंने हमारी विज्ञान की पुस्तकों के प्रकाशन के समान ही इस पुस्तक के प्रकाशन में भी रुचि ली।

लेखन कार्य के संदर्भ में धर्मपत्नी स्नेहलता, पुत्र डॉ. संतोष एवं पुत्री शुभा को भी धन्यवाद देना चाहूँगा जिन्होंने हमें गृहकार्य से पूर्ण रूप से मुक्त रखकर, वैज्ञानिक एवं साहित्यिक कार्य करने का पर्याप्त अवसर प्रदान किया।

पुनः हिन्दी का विद्यार्थी न होने के कारण त्रुटियों का होना स्वाभाविक है। पाठक महानुभाव क्षमा करेंगे और काव्यरस पर ध्यान देंगे, त्रुटियों पर नहीं। संत तुलसीदास जी कह ही गये हैं "निज कवित्त केहि लाग न नीका .....।"

अन्त में एक छोटा सा स्वरचित श्लोक प्रस्तुत है–

अज्ञानान्धकार नाशाय सुधीजन रससिक्तये।
विद्याभूषणविरचित क्षमो हि **शब्द देवता**।।

डा. विद्याभूषण अवस्थी

बसंत पंचमी, 2014

रचनाकार द्वारा बनाये गये कतिपय तैलचित्रों की प्रतिकृतियाँ

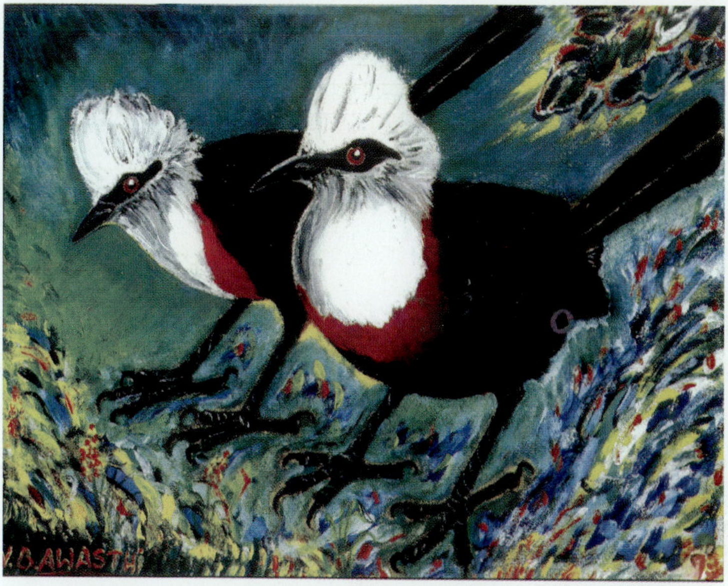

WHITE - CRESTED LAUGHING - THRUSH

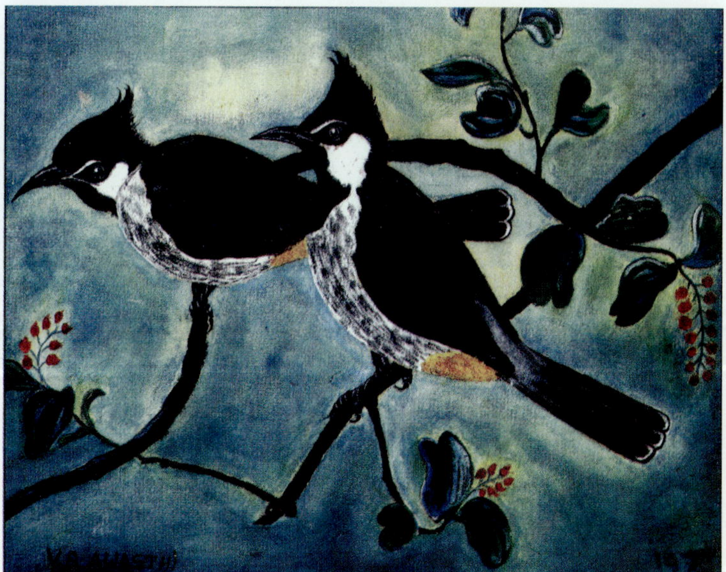

WHITE - CHEEKED BULBUL

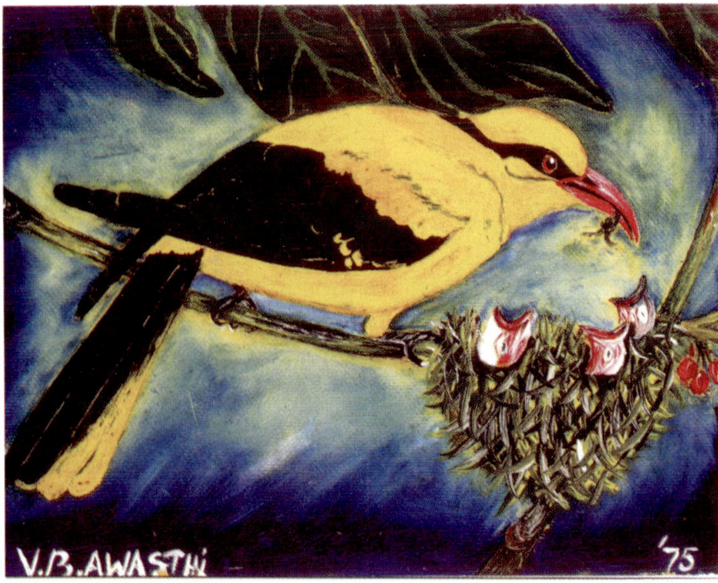

BLACK - NAPED ORIOLE

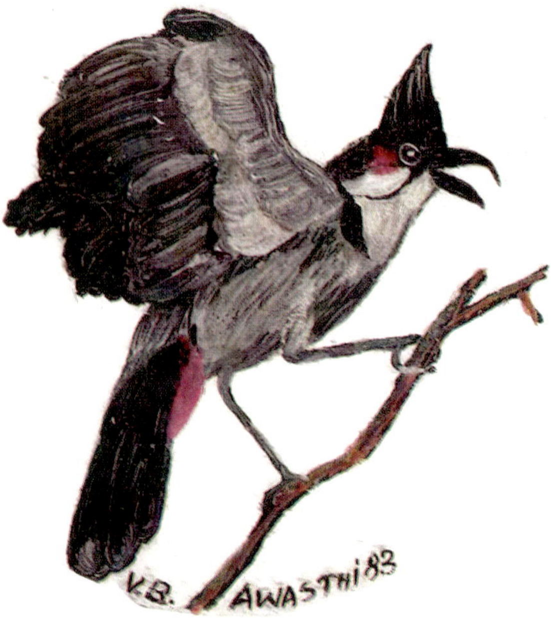

RED - WHISKERED BULBUL

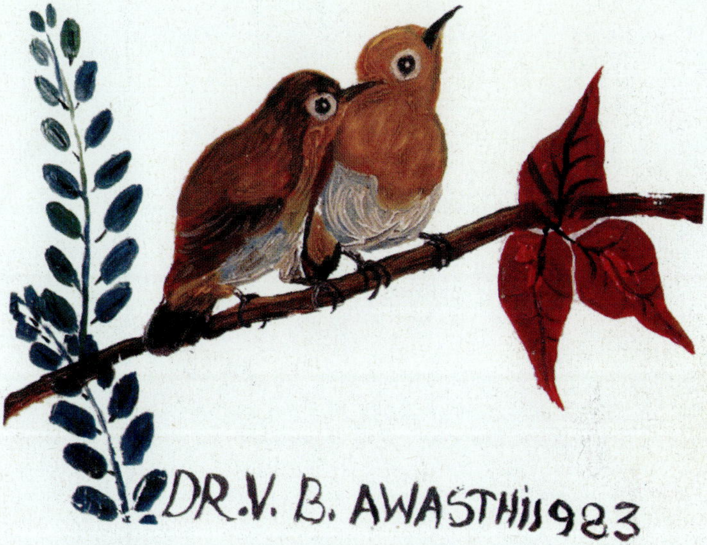

WHITE EYE

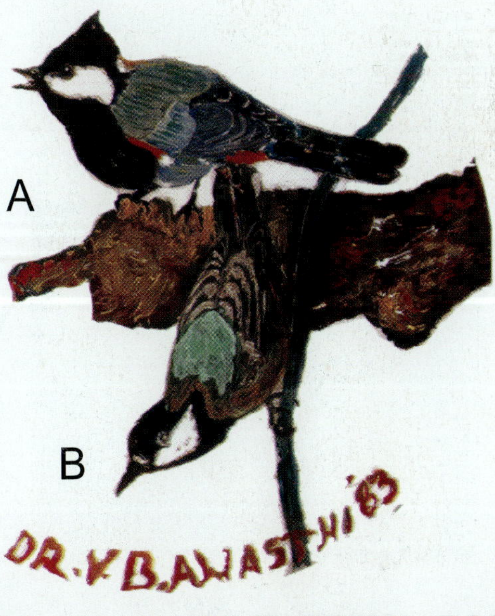

A. SHIMLA - BLACK TIT; B. GREEN - BACKED TIT

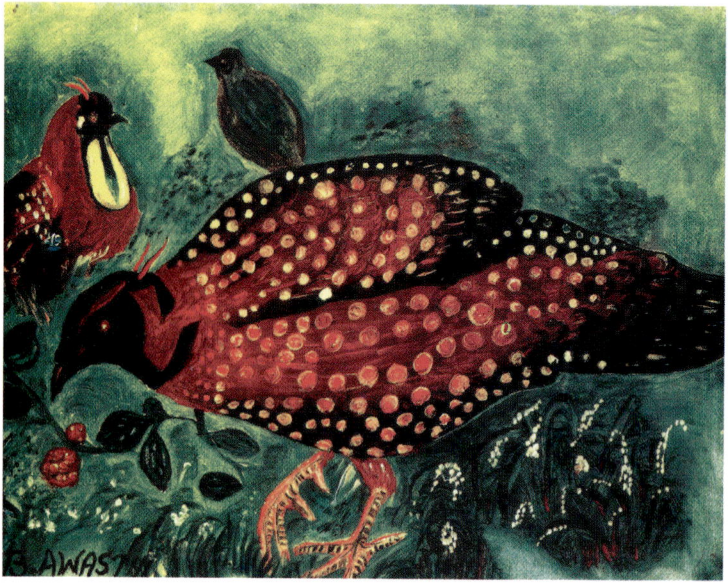

SATYR TRAGOPAN

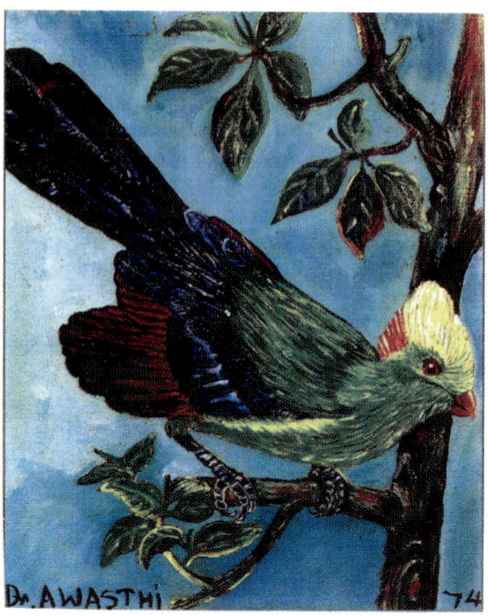

TOURACO

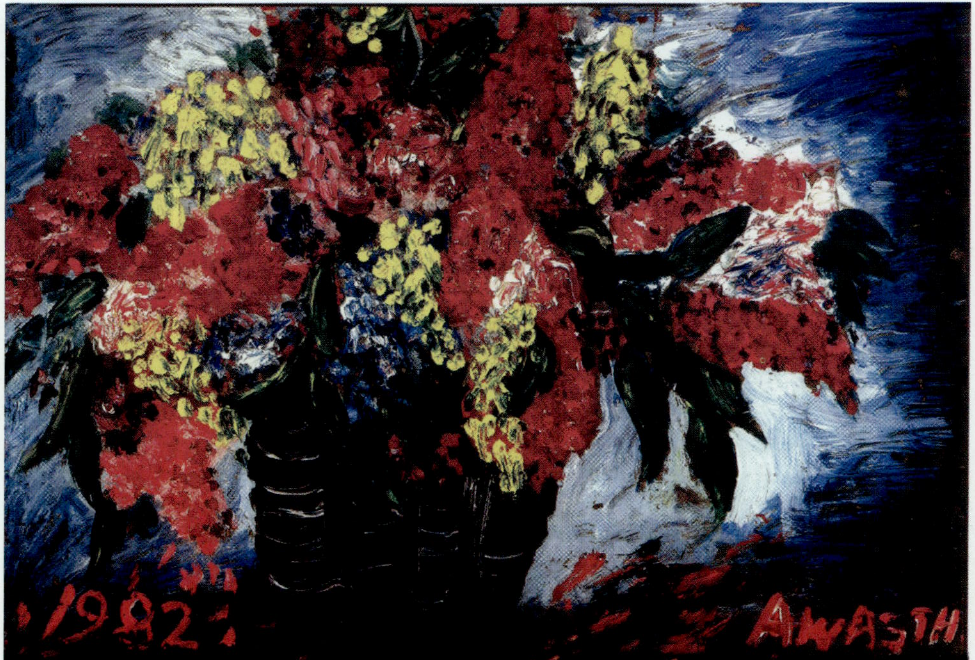

पुष्प स्तवक

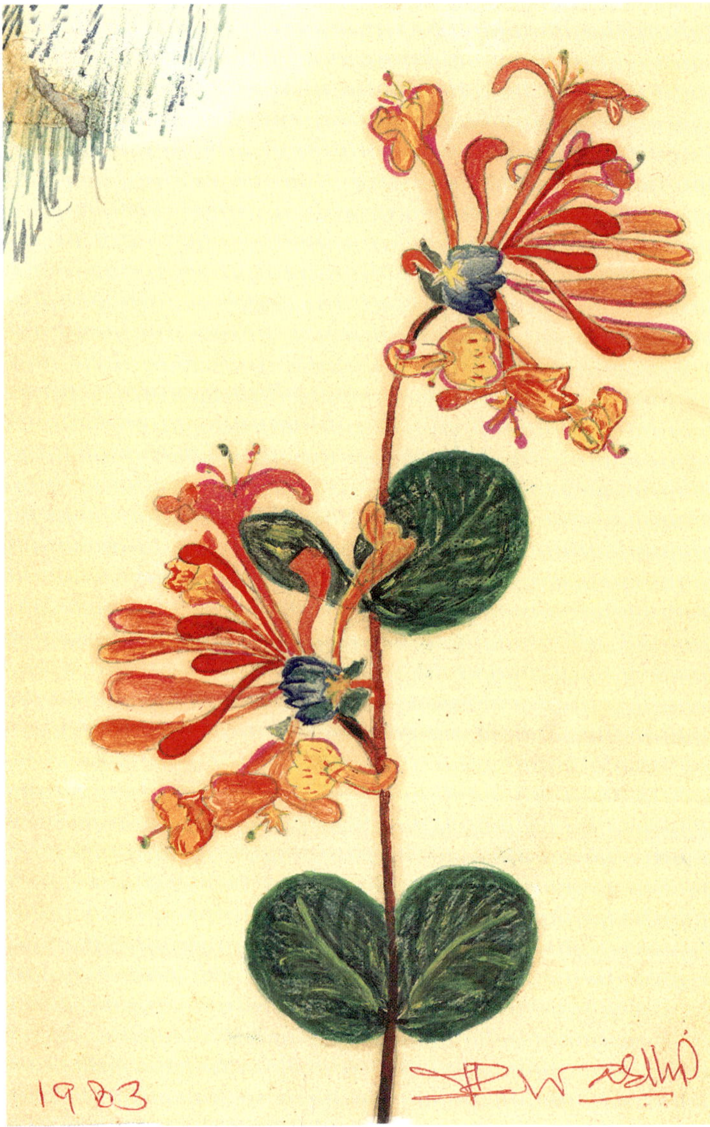

A MEMBER OF CAPPARACEAE FAMILY

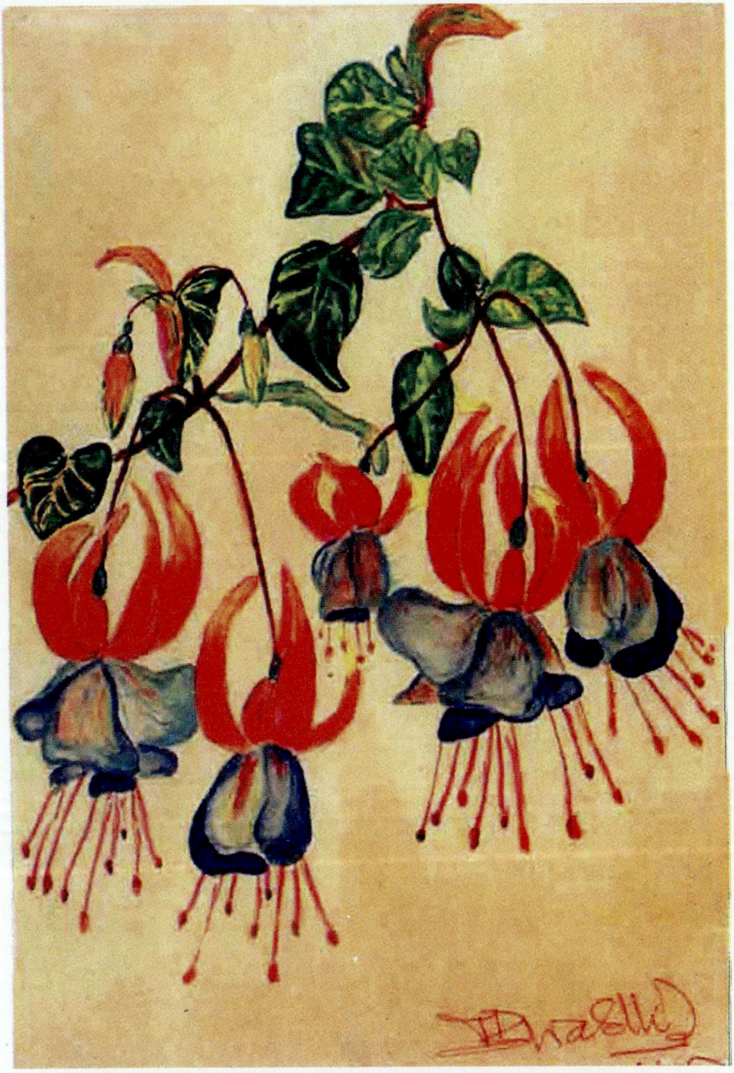

A MEMBER OF CAPPARACEAE FAMILY

शब्द देवता

ओ स्वर समष्टि में
सन्निविष्ट,
आलोक वर्णमय
शब्द देवता
तुम्हें नमन है।
निहित तुम्हारा रूप मनोहर,
इस वसुधा के वक्षःस्थल पर,
ज्ञान खोजता जिसे चराचर,
वाणी! तव वीणा का स्फुट स्वर।
नाना वर्ण, शब्द, रूपाऽभा,
रही झलकती नीरव शोभा,
तेरी ग्राम कुटी में आस्थित,
है अन्यथा नहीं कुछ भी पर।
भावानुभाव विभावयुक्त रस –
निःसृत निर्झरी सा वीणा से,
जन मन के उद्भव विकास में,
नव युग को दो, नव गति, लय, स्वर।

* * *

सूर्य स्तवन

ज्योतिरथ नभ पथ विमल कर,
चंक्रमण रत भुवन भास्कर,
ज्ञान भर वर दो।
स्फूर्ति खर तर दो।
विश्व छल, कल्मष, विषम हर,
किरण कर्षण प्रखर गतिभर,
भस्म तम कर दो।
प्रीति नव भर दो।
मनुज उर, निर्मल सरोवर,
कमल शिव संकल्प सुन्दर,
देव द्रुत भर दो।
यह अमर वर दो।

* * *

शरद

स्निग्ध शरद आया।
फूले काँस खेत के ऊपर,
रजत हास छाया।
शीतल शीतल बही समीरण,
नव पल्लव, कली, कुसुम, मनहरण,
खंजन अनुरंजन कर जन–मन,
ताप त्राण आया।
तुहिन बिन्दु पत्तों के ऊपर,
पुष्कर पर, उत्पल पर, उत्पल,
अरुण किरण कर रही चरण,
दल दल द्विरेफ छाया।
व्यक्त हुआ, अव्यक्त राग रवि,
दीप्त अमल अरविन्द ज्योति छवि,
जगी रूप, रस की नव कलियाँ,
नव विकास आया।

***

वसन्त

आवत वसन्त के दिगन्त मध्य छायी छटा,
तरु पल्लवों पै भौंर भीर हरषाने लगी।
सुमन समूह सो सुगन्धित मकरन्द लिये,
मन्द मन्द मारुत मही में सरसाने लगी।
कूजै लगी कोकिल रसालनि की डाल बैठि,
किंशुक, कमल श्री, अमल दरसाने लगी।
झोरी भरे, प्रकृति किशोरी, नव केशर की,
ठौर ठौर मंजुल अबीर बरसाने लगी।

* * *

वसन्त-2

उत्थित तरल तरंग विहंगम,
स्थावर जंगम अंगे।
हँसति कुसुम संकुल, कोकिल कुल,
कूजति काकलि संगे।
मलय समीर स्पर्श हर्षित तन,
स्वर्णिम भाव विभूति मग्न–मन,
केशर कर रज, मधु सुगन्ध भर,
देता नव मधुपर्क जलज वर,
सिंचित कांचन कान्त महीतल,
कुंज–पुंज गुंजित अलि चंचल,
नवल वसन्तागत रण रंगे।
उत्थित तरल तरंग विहंगम,
स्थावर जंगम अंगे।

***

प्रकृति का कलाकार

वह कलाकार जो रंगता है,
सम्पूर्ण प्रकृति का नवल गात,
मैं खोज रहा कब से उसको,
बीते कितने पावन प्रभात !
वह कलाकार, जिसने तितली को दिया रंग,
वह कलाकार, भर दी भौरों में मृदु उमंग।
रजनीगंधा में शुचि–सौरभ,
कमलों के उर में मधु–मरन्द,
कोकिल के प्राणों में गुप चुप,
है छिपा गया रस भरे छन्द।
कहते हैं कवि, मृदु मलयानिल है उसका रथ,
ऊषा का कोमल सिन्दूरी तन मंजुल पथ।
पुलकों में लक्षित प्रतिपल उसकी चरण चाप,
साहस, निर्भयता, समुद्योग में संचित उसका नवप्रताप।
अम्बर में जड़ तारक निशि भर,
रवि–कर को दे देता सत्वर,
छाया में बन वह सघन श्याम,

फूँकता मधुर वंशी के स्वर।
पत्तों में बस, फूलों में हँस,
विहगों में गा, नव मधुर गान।
वह चतुर–चितेरा कलाकार,
दे रहा जगत को आत्मदान।।

***

जागरण

जागो सुषुप्त मानव उर के नव दिनकर,
प्रखर ज्योति से विचरो, तामस तम–हर।
छोड़ दिव्य–प्रभ, सप्तवर्ण रथ, नभ पर,
कर–पग धर, जन–जीवन में चेतन भर।
भर अनुभूति अपरिमित प्रसरण,
सुप्त कंज उर स्पर्श स्वर्ण कर,
दे अजस्र स्फीत–स्रोतस्विनी,
बहा कर्म के सूत्र अवनि पर।
त्याग विभा के कृश वितानगृह,
अम्बर तक विचरो हो निःस्पृह,
मूढ़, अहम्, मदता को तजकर,
कुंठितकर विद्वेष, नीति–भर।
अमृत पुत्र, अमृत पुनीत हों निर्मल,
जगे सुप्त चेतनता का चल अंचल।
दिक्, दिगन्त, बल, पौरुष, गतिमय, चिन्मय,

नव्य, कर्मपालक, सत् पथ गत, तज भय।
व्यथित विश्व के मिट्टी के लघु–लघु अणु,
छोड़ पंक बन जायें तेजोमय कणु।
त्याग स्वर्ग कल्पित वैभव, भूतल स्वर्गिक कर,
कल्पवृक्ष हो जाये, कर्म – क्षेत्र विस्तृत तर।
कृपण तज, संकीर्ण मनः भावों को भी तज,
निर्झर सा कल–कल निनाद जागे जन–मन,
भारत आरत हो दूर, जगे ज्योतिः कण,
परिपूर्ण बने सुन्दर मानव जीवन, मन।

***

नव-प्रभात

हो गया उदय बालारुण नभ प्रांगण ऊपर,
बिखराता – प्रखर प्रदीप्त रश्मि अवनी तल पर।
चेतन स्पर्श शर–जागृत सुप्त स्फूर्ति तूर्ण,
कण–कण में विद्युत आवेश सा भरती प्रकीर्ण।
रुन–झुन के स्वर, संगीत–स्वरित करते चल–दल,
विदलित–तमान्ध, विकसित–शतदल के दल चंचल।
संवरण शील शम्बर अम्बर पर उतर–उतर,
करते प्रतिध्वनित तड़ित तीक्ष्ण चेतना प्रखर।
अणु–अणु प्रबुद्ध मन की कारा उन्मुक्त अखिल,
नव नवोन्मेष संदेश दे रहे जन–मंगल।
ओ मनुज! चेतना के प्रांगण में उतर–उतर,
दे हिला, हिमांचल जड़तामय जीवन शम्बर।
खिल–खिल प्रसून करते विकीर्ण ओजस सौरभ,
रण–रणित भृंग दल सर आंगन में श्याम–प्रभ।
फिर पुनः आज चेतन–केतन, केतन फहरें,
मिट्टी के अणु, विद्युत–कण, बन–बन कर बिखरें।

हो दूर कुहासा, अन्तर की कालिमा क्षीण,
सारी–समष्टि हो जाए पुनः कर्तव्य–लीन।
कर्षित हों, जन–गण की वीणा के विरस–तार,
झंकृत–मन, पुलकित–तन, पूरित नव कर्मसार।
हो जगमग, जन के मन का नव आकाश अमल,
मानव को दे, मानवता का नवीन सम्बल।

***

फागुन के दिन चार

सरसों फूली खेत में
भ्रमर करें गुंजार,
अब वसन्त ऋतु आ गयी
चेतन बही बयार।
पेड़ों में कोंपल नये
फूल रहे कचनार,
माघ गया, सर्दी गयी
फागुन के दिन चार।
कोयल बोले पेड़ पर
खंजन गये विदेश,
टेसू जोगी हो गया
केशरिया परिवेश।
महुआ से बौरा गये
बिछे बताशा फूल,
धरती भीनी महक से
करती जग अनुकूल।
होली आयी हुलस के
बरसे रंग गुलाल,
फागुन में पुलकित हुए

सभी बाल गोपाल।
मेघ शाल्मली छा गये
नभ में चारों ओर,
मन्द मन्द मारुत बही
वन में नाचे मोर।
बागों में पेड़ों तले
पड़े हुए खलिहान,
लो वसन्त का आ गया
मादक मधुर बिहान।
भर–भर कर, कर–टोकरी
नाज रहे हैं छान,
बालक, बूढ़े औ युवा
तन, मन–मुदित किसान।
दिन भर श्रमकर थक गये
अब कर लो विश्राम,
श्रम से सब कुछ पाओगे
शुभ होंगे सब काम।
फागुन में जब से बही
शीतल मन्द समीर,
सभी प्रफुल्लित हो गये
हवा हो गयी पीर।

***

बादल

तुम मानव जीवन की आशा,
रहे शान्त कर पूर्ण पिपासा,
जीवन, जीवन की परिभाषा,
ओ, अभिलाषाओं के बादल!

सींच–सींच करके वसुधा को,
प्राणों को परसो हर्षाओ,
हरा भरा करके भूतल को,
स्नेह–सुधा–सिंचित भर दो जल।

फूट पड़ें अरुण स्मिति–कलियाँ,
भरे गन्ध, हों वासित गलियाँ,
नवल भावनाओं को विकसित,
कर परिपूर्ण मानव अन्तस्तल।

फूटे अंकुर ज्ञान–सनातन,
लहराये चेतन का केतन,
चिन्ता मुक्त मनुज का जीवन,
बिखरे जन मानस में परिमल।

तुम रहस्यमय जीवन वाही,
तुम हो स्फूर्ति सुधा अवगाही,
अरे! ताप में भटके राही,
आओ, लो पीलो, शीतल जल।

* * *

उषाकाल

देखते उषा किरण मुस्कान।
विहँसते बाल गोपाल विपन्न,
मनुज के हर्षित वपु अवसन्न,
अरुण कमलों की चेतन सुरभि,
किरति षटपद पथ में अनजान।
चमकते श्यामल मधुप कुमार,
सुप्त प्लुत मादक सुरभि खुमार,
जगे ले विभु का शुभ सन्देश,
शुष्क जीवन के प्राण।
प्रकृति के पैरों की मंजीर,
बजी कर झंकृत हुई अधीर,
पक्षियों के शावक समुदाय,
चुग रहे दाना प्राण।
जगत की छूटी नींद अजान,
हुआ मानव को प्रज्ञा–ज्ञान,
अलस तन्द्रा का कर अवसान,
विचारों का उत्थान।

हुए मानस–मन मुदित–मराल,
सिंधु की लहर हुई उत्ताल,
उषा की मधुर मदिर मुस्कान,
सभी को देती जीवन दान।

* * *

वट का वृक्ष

आ रही प्रलय झंझा, समीर झंकृत,
अम्बुधि उत्तालित
तरल तरंगें मुक्तामय नभ को छूतीं।
तरु पत्र मध्य खर–खर, खर स्वर
हो रहा चतुर्दिक्
मिट्टी कण उड़ते रूक्ष पत्र लेकर नभ में।
स्तब्ध दिशायें
खग कलरव भी बन्द
चल रही झंझा पर स्वच्छन्द।
तप रहा तरणि
भीषम ग्रीषम
लघु तरु झुलसित
मृग गण विकलित
जलती अवनी
सर–सूखे।
आ रहा एक पंथी
सुदूर से बहुत दूर

क्षुधित है, प्यासा है, पास में पाथेय नहीं
चलने को हरे भरे तरु नहीं
उड़ रहा फटा कुरता झंझा के झोंकों से
जलते हैं पैर
आगे बढ़ते नहीं
फिर भी मन बढ़ रहा है
सम्भवतः पहुँच जाये लक्ष्य पर।
सहसा दूर एक वट का वृक्ष
देखते ही उछल पड़ा
क्षण भर को व्यथा सब शान्त हुई
बढ़े पैर, वायु वेग
मिल गया
शीतल सुखद श्रमहर, स़घन
वट का वृक्ष!
कल्पवृक्ष!!

***

त्रिपथगा

धूर्जटी की जटा से
निकली तरल तरंग,
तन–मन मज्जन कर रही
नाम पड़ा तव गंग।

अंग–अंग पुलकित हुए
मिटा जगत् संताप,
निर्मल मानव हो गया
भस्म हो गए पाप।

चली त्रिपथगा शीघ्र से
भूधर से भू–पार,
चलते–चलते मिल गया
विस्तृत पारावार।

जितना संभव हो सका
किया जगत उद्धार,
किन्तु मनुज ने ही छला
मलिन किया घर द्वार।

हमने तो अथ से किया
इति तक जगत विकास,
किन्तु मनुज की क्रूरता
करे कहीं न विनाश!

* * *

मनन करो

प्रचण्ड मार्तण्ड से –
तपो परं रुको नहीं,
विशाल ब्रह्माण्ड में
स्वयं प्रकाशमान हो।
जड़त्व को विनष्ट कर
समष्टि चेतना भरो,
चलायमान विश्व में
चले चलो, चले चलो।
ज्ञान के समुद्र हो
विराट विश्व अंश हो,
अतः उठो, जगो, नवीन–
सृष्टि सर्जना करो।
समष्टि नष्ट हो गयी
प्रकृति विनष्ट हो गयी,
तड़ाग, कूप, नद, नदी
जल विहीन हो गये।

कहाँ स्वयं जाओगे
न ओर छोर पाओगे,
विवेक से, विचार से
विशिष्ट, ज्ञान ध्यान से,
उदात्त चित्त से, स्वयं
मनन करो, मनन करो।

***

माता भूमिः पुत्रोऽहम् पृथिव्याः

भूल गये इस महामंत्र को
जिसने जीना हमें सिखाया,
लक्ष–लक्ष वर्षों से जिसने
जड़–चेतन का साथ निभाया।

पहले हमने पेड़ उजाड़े
फिर वन का विनाश कर डाला,
वन्य प्राणियों का वध करके
अपने–अपने महल सजाये।

यज्ञ हुए थे अश्वमेध दस
गंदा नाला वहीं गिराया,
हरिद्वार से कलिकाता तक
सुरसरि को दूषित कर डाला।

भूल गये हम अपनी धरती
भूले हम अपनी परिपाटी,
पर्यावरण दिवस का हमने
अच्छा खासा ढोंग रचाया।

आने वाली सभी पीढ़ियाँ
पीड़ित होंगी विषम–ज्वर से,
चोर, लुटेरे, लम्पट, लोभी–
को अपना आदर्श बनाया।

यह वह भारत नहीं
जहाँ आर्यों ने मधुमय गीत सँवारे
यह वह भारत नहीं जहाँ –
ऋषि मुनियों ने सत्य मंत्र उच्चारे।
भौतिकता के भँवर जाल में
अपना सब कुछ स्वाहा कर डाला,
भूल गये हम अपनी संस्कृति
सूनी पड़ी यज्ञ की शाला।
इस दुर्दशाग्रस्त पृथ्वी के –
जीवन को अब कौन सँवारे,
कौन कहे अब धरती माता
मातृभूमि! कह कौन पुकारे!

* * *

श्रावण मास

स्नेह संवलित श्रावण मास,
भू–भृत् सुमन, मरन्द सुवास।
गरज गरज घनघोर घटाएँ,
बरसाती जल की धाराएँ,
जन जीवन की शुष्क लताएँ,
लहरायीं, पा जीवन–भास।
सरित सु–जलभर,
खिले कमल सर,
शिशुओं की नौकाएँ आयीं,
कागज की सुन्दर लहरायीं,
तिरती तरल तरंगों साथ
नवचेतन, तन भर उल्लास।

* * *

प्रभाकर के प्रति

प्रभाकर के प्रताप से प्रभासित समस्त विश्व,
रूप, रंग, दाता विधाता जगत् का है।
जीवन की ज्योति का मूल स्रोत, सर्वाधार,
समस्त सप्त अग्नियों के प्राणों का प्रणेता है।
सहस्रों रश्मियों से वेष्टित कर विश्व को,
शीत, ग्रीष्म, वृष्टि और सृष्टि का रचयिता है।
वसुधा के प्राणिमात्र का भरण पोषणकर्ता,
हर्ता दुःख दारिद्र्य उत्कर्ष प्रदाता है।
ब्रह्मरूप, शक्ति स्रोत स्थावर जंगम का
नित्य शुद्ध आत्मा को चेतना प्रदाता है।
रूप, रस, गंध, स्पर्श, हर्ष की अनुभूति कराता,
सूर्य सा प्रतिष्ठित प्रत्यक्ष और कौन परमात्मा है!

* * *

आओ हम विचार करें

आओ हम विचार करें
उदात्त अवदात बनें,
फलों से लदे फंदे वृक्षों से
विनम्र बनकर, वसुधैव
कुटुम्बकम् का पुनः निर्माण करें।
त्यागकर, छल–प्रपंच,
मिल बैठे एक मंच,
चिड़ियों से चहक–चहक,
फूलों से महक–महक,
गन्ध से सुगन्धित कर,
निर्भय विचरें।
हर क्षण हो दिव्यतर,
ज्योतित–उर–प्रज्ञा वरण,
निर्मल मन गंगाजल से–
सबका अभिषेक करें।
कहीं हो न क्लेश–लेश,
उत्फुल्लित मन महेश,

सत्यम् शिवम् सुन्दरम् का–
पुनः उद्घोष करें।
वृक्षों से आच्छादित–
हों घर द्वार, सबके,
सघन वनों में फिर–
वन्य पशु विचरें।
मन में स्फूर्ति हो,
तन में सुकीर्ति हो,
जन–जन का मन सदा
सद् मंत्रों का उच्चार करें।
आओ हम विचार करें।

***

इस पृथ्वी को स्वच्छ बनाएँ

इस पृथ्वी से परे और भी–
पृथ्वी हैं तो इससे क्या?
रहना है तो इस धरती पर,
क्यों न बनाएँ इसे समुज्ज्वल,
हरे–भरे वृक्षों से संकुल,
मोर, पपीहा, कोयल, बुलबुल,
रंग भरी तितलियाँ, भ्रमर दल,
नाचे फिर पुलकित तरुओं पर,
इन्हें नष्ट कर हम क्यों अपना –
अन्य ग्रहों पर धाम बनाएँ।
क्या यह अच्छा नहीं कि हम,
इस जगती को अभिराम बनाएँ।
इसे ध्वस्त कर खोज रहे हैं –
दूर – दूर तक दाना पानी,
क्या यह नहीं मूढ़ता सबकी,
इससे बड़ी कौन नादानी?
अरे, तनिक तो सोचो क्षण भर,

कितनों का कल्याण करोगे,
व्यर्थ अर्थ कर रहे अभी हम
जिससे यह धरती बन जाए,
शक्तिपूर्ण भारत हो जाए,
प्रकृति–विकृति यदि सब मिट जाएँ।
आओ हम सब फिर मिल–जुल कर
इस पृथ्वी को स्वच्छ बनाएँ।

* * *

भारति बहु रत्न धरे

भारति धन–धान्य धरे !
मृदु मधु कुसुमित,
स्निग्ध धवल चित,
तुंग हिमालय,
मुकुट अमलसित,
मधु–ऋतु, मधु बरसे,
भारति सबसे स्नेह करे !
कल–कल करती नदियाँ सारी,
गंगा, यमुना, कृष्णा, कावेरी,
ब्रह्मपुत्र, गण्डकी, नर्मदा,
सिन्धु, शुतुद्रि, विपाशा, शिप्रा,
सरयू, गोदावरी, वितस्ता,
साबरमती, अलकनन्दा का,
उत्तर से दक्षिण तक पहने
हो झिलमिल गहने,
भारति बहु रत्न धरे !
चरण धो रहा सागर निशि दिन

हैं उत्ताल तरंगें फेनिल,
नील गगन को छूती गिरती,
अनिल सलिल बिखरे !
तेजोमय है रूप तुम्हारा,
अणु–परमाणु युक्त घर सारा,
किन्तु कमी है एक बड़ी –
विश्वास आश बिखरे !
सद् आलोक भरो जन–मन में,
हरो कलुष कुण्ठा जीवन के,
आधि व्याधि से युक्त मनुज के,
संकट दूर करे !

* * *

बुद्ध वैराग्य के कुछ क्षण

यह रक्त–सिक्त, सुन्दर मराल
फँस गया कहाँ से काल गाल?
क्या तमसाछन्न हो गया देश?
क्या जन–हिंसा है अभी शेष।

मानव! रे मानव निष्ठुर मन
जन हिंसा कर सब आत्मसात्
कर रहा, आह सत् रिक्त स्यात्
अतिशय अशान्ति है अभी शेष।

यह श्वेत स्फीत अतिशय सुन्दर
यह राज–हंस, हम राज वंश
क्या राज वंश में भी कराल
आ सकता है वह क्रूर काल।

कर रहे शुश्रूषा स्नेह सिक्त
धारा अबाध गति अश्रु वारि
जीवन कितना भोला निरीह
कितना निःस्पृह यह सौम्य हंस।

लाओ लाओ मेरा मराल
मेरा ही तो यह है मराल
कह देवदत्त से हुई बात
पहुँची यों फिर निज तात पास।

मैंने जीवन की रक्षा की
यह तो मराल अब मेरा है
कहते कुमार फिर बार–बार
यह क्रूर बधिक सा तात भ्रात
कहता यह मानस मेरा है
रे धूर्त यहाँ क्या तेरा है?
सर्वत्र सत्य का घेरा है

जीवन दाता का मुख्य भाग
तू भाग, यहाँ से भाग–भाग।

नृप शुद्धोधन ने सुना ध्यान
कर दिया सत्य से न्याय–

प्राणदायी का होता मुख्य भाग
पाया कुमार ने मृदुल गात
खिल उठे कमल कर गात–गात।

क्या यह मेरा सुन्दर शरीर
क्या जीवन है तरु सा अधीर

क्या जीवन है जर्जर शरीर
अथवा जर्जरता जीवन वर।

यह वृद्ध देव जो क्षीणकाय
होंगे अवश्य उत्फुल्ल–प्राय
क्या यह परिवर्तन हुआ हाय!
सुन्दर शरीर ज्यों सूखा तरु।

कोमल शतदल, उत्फुल्ल सुमन
रे! विश्व वाटिका कण नश्वर
रे! आत्म–बोध कर हों सस्वर
अम्बुधि अपार नश्वर–नश्वर।

मैं अवगाहन कर करूँ पार
खोजूँ नूतन शाश्वत उपहार
यह कैसा भव का विषम जाल
कहते सुन्दर जो महा व्याल
उच्छ्वसित स्फुलिंगाकार जाल
चंचल ऊपर अन्तर कराल।

प्रासाद विभा की कुटिल माल
आकुल मानव कांक्षा अराल
बन रहा स्वयं ही महाकाल।

कोमल शय्या सुन्दर वितान
केवल क्षण भर के लिए भान

झंझा का आया ज्यों प्रवाह
ले उड़ा जगत का स्थूल जाल।

मन में कुमार हैं रहे सोच
यह कैसा अश्रुत विश्व पोच

क्रीड़ा का केवल महागार
है नहीं अन्यथा सृष्टि सार।

मैं प्राप्त कर सकूँ नव जीवन
मानवता को बतला चेतन
शाश्वत रे! शाश्वत आत्म तत्त्व
मैं खोजूं उसको त्वरित सत्त्व।

मेरी आत्मा का यही ध्येय
रे! खोज छिपा जो सत्य शेष
तू सूक्ष्म तत्त्व में कर प्रवेश
पायेगा निश्चय आत्म तेज।

क्या यह मेरा प्रासाद भवन
जिसमें शोभित शत–शत कानन
केकी, शुक, पिक, सारिका, गान
सर्वत्र काल की गति महान।

अच्छा समष्टि यह हुई नष्ट –
होगी, मानव को हुआ कष्ट

वह भूल गया निज पुरा–क्लेश
फिर भी मैं तो हूँ अभी शेष।

सारथि लाओ रथ सत्वर
मैं भ्रमण करूँगा विश्व–विवर
देखूँ क्या है बाहर–अन्तर
सम्पूर्ण ग्राम, वन–वन प्रान्तर।

आ गया स्वर्णप्रभ उत्तम रथ
चल पड़े शान्तचित चिन्मय पथ
थे नाच रहे ब्रह्माण्ड लोक
फिर भी कुमार, निःश्रान्त शोक।

श्लथ–रथ, सारथि–श्लथ, अश्ववीर
जाओ अच्छा सारथि प्रवीर
लो! स्वर्ण मुकुट मेरा महान
लो! मणियों की मालोपहार।

यह क्या कुमार कर रहे आप?
यह कैसा है उपहार प्यार
बस, तन पर केवल धौत वस्त्र।

जाओ अब मैं जा रहा बीर
लाने जगती का आत्म तेज
जीवन में जीवन का प्रवेश
पावन–पीयूषमय दिव्य देश।

होगा जब मुझको आत्म ज्ञान
आऊँगा सत्वर महीयान
देने उसका मधुमय प्रसाद
होगी समष्टि शाश्वत अरात।

भारत जननी का नव प्रभात
लेने को जाता, अब प्रभात –
होने वाला है, तात–भ्रात!

* * *

निर्झर

मानव के जीवन का दाता
आतप–ताप को शीतल कर,
प्रवहमान है चेतनता का –
उत्स–गहन तम–तरल अमल।

दूर यहाँ से देखो वह जो
उन्नत किये ललाट विशाल,
लिपटी हुई गुल्म लतिकाओं
श्यामल अलकों सा वह जाल।

उसी सघन द्रुम–मण्डप अन्तर
आच्छादित शुभ पावन सर,
कहें उसे हम मानव–मानस
के पावन स्पन्दन का घर।

अहो! महागुह यह चेतन का
महत् शक्ति का पावन स्रोत,
इसे प्रथम अन्तर्हित कर लूँ
मानव जीवन बने उदोत।

आधि व्याधि की भीषण कारा
जड़ आशाओं के व्यवधान,
ध्वस्त करें हम संयत होकर
सृजन करें फिर नये विधान।

विखण्डित कर अश्म खण्ड को
जब वह उतर पड़ा भू–पर,
किया आरती रवि ने रथ से
कर–माला को अर्पण कर।

वन प्रदेश ने उसका स्वागत
कोकिल के पावन स्वर में,
माधव ने अपने कुसुमों को
भेजा आगन्तुक गृह में।

और प्रकृति ने सुघर गुलाबी मृदु–
गुलाब के दल को खोल,
लुटा दिया अपना पीयूष घट
हो संसृति–स्फीत–अमोल।

चन्द्रान्विता चारु केकी ने
नृत्य किया उसके तट पर,
फैलाया नीला अम्बर–सा
शशि से युक्त वसन भू–पर।

पड़ा हुआ खलिहान आम के
सघन तरुवरों के नीचे,

लगी शालि की स्वर्णिम ढेरी
सुप्त वृषभ आँखे मीचे।
रेती बिछी हुई परिगत है
लगे हुए तरुदल अनुकूल,
झूल रहे खग–गण परियों से –
हैं तितली दल डाल–दुकूल।

सिक्त धरा का सूखा अंचल
बना–बना कर हरा भरा,
शस्य श्यामला उसे बनाकर
बीज बो रहा चेतन का।

कमल कोमल कान्त कुसुम
कुंजों से आच्छादित करके,
मलयाशुग के शीतल झोंके
ठहर–रहे सौरभ भरके।

निर्झर सा जीवन भी निर्मम
अगणित कुलिश और कण्टक,
उन्हें पार करने पर मिलता
अमृत तत्त्व से पूरितघट।

लू की लपटों में जो जलते
उनका क्या होगा बोलो,
मुख मुद्रा उनकी भी देखो
अवगुंठन भीषण खोलो।

शस्यों की जब स्वर्ण ढेरियाँ
लग जाती है तरु तल में,
ग्रीष्म के पावन वसन्त में
उनको दिखता है वैभव।

उत्फुल्लित हो मनः आन्तरिक
आह्लाद से हो मज्जित,
परमानन्द दीखता उनको
उसमें शुचि सौरभ सज्जित।

आज पुनः अवगाहन कर लें
इस पावन निर्झरिणी में,
धोकर के सम्पूर्ण कलुष को
सुन्दर स्वच्छ निखर करके।

* * *

बादलों के प्रति

तुम आकांक्षाओं के बादल हो
या तुम मधु–ऋतु की रुत के,
नील गगन के नीले बादल
हो या तुम नीलाम्बुधि के।
चला चंचला की उज्ज्वलतम
स्फूर्तिमयी पावन लहरें,
स्पन्दन के साथ–साथ
प्रति रोम–रोम अणु–अणु फहरें।
तुम अनन्त के चिर वसन्त हो
तुम सरिताओं के जीवन,
अपरिमेय तुम, अभिज्ञात तुम
अनिर्बन्ध तुम, मुक्त मही।
आमों की मंजरी शुचि सुमधुर
गन्ध गन्धवह ले बहती,
कोकिल के सूखे प्राणों में
नव जीवन रस है भरती।

अमृत कलश ले घट घट वाही
भूल गये इस उपवन को,
सूख रहे हैं कोमल पल्लव
भाग रहे मृग गण वन को।
नव कोंपल में नव कुसुमों में
नव जीवन संचार करो,
गीले गीले, नीले नीले
त्याग गगन भू पर बरसो।
सदा दामिनी सा यह उज्ज्वल
मय अन्तर, बाहर काला,
नहीं दिखाना चाह रहा है
पावन गुण मणि की माला।
यह भी कैसा गीला बादल
जीवन से परिपूर्ण अहो!
त्यागो बातें अभी पुरातन
नूतन कविता, कला कहो।
चिर नूतन जीवन का लक्षण
चिर नवीनता ही जीवन,
चिर चित्तात्मा में समष्टिगत
स्थूल–सूक्ष्म में व्यक्ताव्यक्त।
जड़ से चेतन अभिव्यक्त है
स्थूल–सूक्ष्म का है आधार,

व्यर्थ व्योम यदि धरा न होती
व्यर्थ जगत, जीवन निःसार।

मानवता के शुष्क अजिर में
भर दो अपना शाश्वत जल,
पुनः लहलहा उठें, हरित हों
लहरायें चिन्मय लहरें।

धुल जाये सब दूर विषमता
हो जायें सब सहयोगी,
मनुष्यत्व के बनें पुजारी
त्याग विभा भौतिक भोगी।

अहो! जगत् आशा के बादल
चिर अभिलाषा अवगाही,
मलय–प्रभंजन के रथ ऊपर
जीवन–बूँदों के वाही।

नाच उठें मन के मयूर नभ
देख तुम्हें, आये–छाये,
हरी–भरी हो गयीं लताएँ
जो सूखी थी, भर आहें।

अहो! नहीं क्या इन्द्रजाल यह
क्षण–क्षण में तुम आ जाते,
माया नगरी के नागर तुम
जीवन गागर भर जाते।

चिर शाश्वत हो दया तुम्हारी
तुम चिर स्थायी होओ,
हरो जगत के जगत् जाल को
दो सब को चिन्मय शान्ति।
ऊहापोह में नहीं चाहता
पड़ना, मैं गीले बादल!
शान्त चित्त से अपने मन को
बस करना, ही है मानव बल!

***

प्रभात

बालार्क उदय होते प्रकाश–
फैला, तम का सत्वर विनाश।
कोयल ने छेड़ा पंचम स्वर,
मधुकर का प्रिय गुंजार मुखर।
शतदल के, दल के, दल विकसित,
उत्फुल्ल सुमन रस अभिमज्जित।
नव पल्लव, नव कली, कुसुम हास,
छायी चहुँ दिशि सुखकर सुवास।

* * *

रात्रि

रजनी निज अलकें रही खोल,
है छेड़ रही अति स्निग्ध बोल।
नीरज रज वर्षण हुआ बन्द,
झींगुर का झंकृत हुआ छन्द।
अब नहीं तरल सर जल स्पन्द,
सारी समष्टि निस्तब्ध फन्द।
तारक चंचल गति से अबाध,
हो रहे चमत्कृत जल अगाध!

* * *

हमारे गाँव - तब

जब से आयी शिशिर ऋतु
जलने लगे अलाव,
ग्राम सभा भी जुट गयी
कहीं नहीं अलगाव।
महुआरी में चैत में–
बिछे महुआ के फूल,
श्वेत बताशा से बिछे–
गमक महक अनुकूल।
टेसू वन में फूलते
आग लगी ऋतुराज,
हिरण कुलाचें भर रहे
मुग्ध मग्न मृगराज।
तालाबों के तीर पर–
नाच रहे हैं मोर,
कोयल कू–कू बोलती
सुखद हो गया भोर।

तालाबों में खिल गये
कमल अमल अभिराम,
पत्तों पर जलचर चले –
दृश्य अकथ अविराम।
गाँवों के परिगत घने
हैं आमों के बाग,
पीलक, बुलबुल बोलती
बाग हो गये बाग।
दीवाली, होली सभी
त्यौहारों की धूम,
कहीं नहीं किंचित् कलुष
हुलसित ग्राम समूह।
मिल–जुल कर सब
कर रहे अगवानी की बात,
मानों पूरे गाँव की
आयी आज बरात।

***

हमारे गाँव - अब

अब अलाव सब बुझ गये
होती है तकरार,
राजनीति ने कर दिया
तहस नहस घर–बार।
अब कोई देता नहीं
विपदा में भी साथ,
गाँव–गाँव सब लड़ रहे
यों हो गये अनाथ।
बाग–बगीचे कट गये
वन के नहीं निशान,
क्या टेसू क्या आम अब
सब कुछ हुए अ–मान।
नहीं दीखते मृग कहीं
और नहीं मृगराज,
सूना सूना दीखता
जन–वन–हीन समाज।

मानवता तो खो गयी
खोया सब विश्वास,
ऐसे में अब क्या करें
रही नहीं जब आश।
सूखे सूखे पड़े हैं
गाँवों के तालाब,
नहीं कमल, जलचर नहीं
सूख गया अनुराग।
होली, दीवाली सभी
आते हैं त्यौहार,
किन्तु नहीं अब दीखता
पहले सा व्यवहार।
अब तो देखो जिधर भी
केवल ढोंग, ढकोस,
सज्जनता पर पड़ गई–
अब बर्फीली ओस।

* * *

स्फुट गीत

वृक्षारोपण का चला
बरसों से अभियान,
किन्तु सभी सूने पड़े
जंगल, सड़क, उद्यान।

नीम कटे, पीपल कटे
कटे सभी वट वृक्ष,
पर्यावरण विनाश को
कौन करे अब स्वच्छ।

सन्नाटा पसरा पड़ा
तपते हैं सब पंथ
सभी छाँव को तरसते
जन, पशु, पक्षी, संत।

सड़कें तो चौड़ी हुईं
पर मन हुआ उदास,
मानवता भी खो गई
आगे महाविनाश।

प्रगति हुई, दुर्गति हुई
मन हो गया मलीन,
संस्कार, संस्कृति मिटी
हृदय हुआ अति दीन।

शब्द, अर्थ हैं खो चुके
व्यर्थ हुए प्रतिमान,
किसको सत् साधु कहें
किसको संत महान।

हंस वंश तो मिट चुके
काग हुए वाचाल,
दृष्टि जिधर डालो–उधर
सज्जन हैं बेहाल।

अब तो आवश्यक हुआ
परशुराम अवतार,
काट–काट कर परशु से
हर दुष्टों का भार।

दस लक्षण जो धर्म के
आज नहीं उपयुक्त,
जो उनका उलटा करे
सब कष्टों से मुक्त।

कहाँ जनक, याज्ञवल्क्य
कहँ, अष्टावक्र सुजान,
कहँ वशिष्ठ, चकवेण कहँ
अब तो सभी महान।

* * *

श्रीकृष्ण का अर्जुन को उद्‌बोधन

गुडाकेश अब उठो
त्याग दो नीरव भाषा,
खींचो निज गाण्डीव
सुनो मेरी परिभाषा।
तुम जिनकी चिन्ता करते हो–
पूर्ण व्यर्थ है,
वे जब भूले न्याय धर्म
तब "कर्म–धर्म" है।
पार्थ! न्याय से जब तुमको
वंचित करवाया,
अब फिर कैसा मोह
और यह कैसी माया!
बाह्य दृष्टि से वीर
सभी दिखते अभिमानी,
किन्तु चित्त से व्यग्र
व्यथित, मोहित, सब प्राणी।
गुरु में नहीं गुरुत्व तत्त्व
तब क्या गुरु गाथा,

आज मूढ़ता से निबद्ध हैं
नहीं दीखता तुम को सब क्या!
यह समष्टि तो नष्ट,
हो गयी उसी काल से,
जब सब में छल–कपट
घुस गया महा व्याल से।
महाकाल को कर प्रणाम–
गाण्डीव उठाओ,
'देवदत्त' से गुंजित कर दो
दसों दिशाओं।
अब तक जो कुछ हुआ
वही तो विधि विधान है,
अब पुरुषार्थ दिखाओ–
अपना यही ज्ञान है।
हम सब युद्ध उपरान्त चलेंगे –
बर्बरीक के पास पूछने,
क्या उसने भी देखा
वह जो सभी मानते।
अभी समर में अमर बनो
भारत मत सोचो,
व्यर्थ समय मत नष्ट करो
आगे की सोचो।

मैंने भी पर्याप्त शान्ति की
की अभिलाषा,
किन्तु यहाँ तो वज्र मूढ़ता
पूजित वांछा।
कौन्तेय तुम वज्र घोष
से करो निनादित,
दशों दिशाएँ स्तब्ध
त्रस्त, पर हों आह्लादित।
तब प्रचण्ड गति से
अर्जुन ने धनु टंकारा,
महातेज से तेजोमय
उद्दीप्त निहारा।
कुछ भी करना नहीं शेष
अब रहा पार्थ को,
देखा जब उसने विराट
उस दिव्य सार्थ को।
पवन पुत्र ले गदा विराजे
जिस केतन में,
विजित हो चुका वह
पहले ही समरांगण में।
अब भी कुछ निःशेष
रहा हो पूछो मुझसे,

युद्ध जीतना लिखा
हुआ तेरे मस्तक में।
सत्य–सत्य है
इसे सव्यसाची मत भूलो,
उठो अब नहीं तर्क
अर्क देखो सब भूलो।
सूक्ष्म सूक्ष्म से बृहत्
बृहत्तर जो प्राणी हैं,
वे सब भी तो कर्म
हेतु फल अनुगामी हैं।
बहुत हो चुका अब
तुम द्रुत गाण्डीव उठाओ,
फल को त्यागो एक ओर
कर्तव्य निभाओ।
तुममें है ऊर्जस्वित स्फूर्ति
यह नहीं भूलना,
जीतो समर अमर भारत
यह नहीं कल्पना।

* * *

आशा

जिस सुघर बल्लिका के ऊपर विश्वाऽधारित
जिस पर नर्तन करते मानव के मधुर राग,
जो जगत मूल, मन के प्रांगण की प्रथम पथिक
जो सत् निर्झर की बूँदों का पावन–पराग।
रस, भाव–भंगिमा का यह मधुमय महत् केन्द्र
अनुभूति यहीं बनती माध्यम चित् निर्देशन,
कल्पना संगिनी रच करके आभास मधुर
देती रहती, करती सिंचन उपवन रक्षण।

आकर स्थित होते, फलते, बढ़ते, प्रसून
बिखराते अपना मधुमय, कल संगीत नाद,
गाते मधुकर नाचे पावन मन के मयूर
आशाएँ देतीं फूलों के उपहार मधुर।

अरुणोदय की अरुणाभा से संध्यागम तक
कार्यान्वित जो करती मानव के कर्म सूत्र,
चेतना शक्ति का जो करती संचार निरत
मानव को देती परमात्मा का सत् सम्बल।

हैं मार्ग देखते मानव जिसके आने की
देती उनको यह धैर्य सदा सहयोगी बन,
करती रहती उपकार सदा जो मानव का
वह, यह आशा लतिका ही तो है सुन्दर तर।

सौहार्द सिन्धु सा भरती, हो गंभीर रूप
मन को देती सान्त्वना युक्त शाश्वत विचार,
तू सत्य समन्वित, मन विशुद्धता से पूरित
जन के जीवन को शक्तियुक्त करती उदार।

* * *

छाया

सूक्ष्म चेतना की छाया हो
या त्रिताप हर, हरि हर की,
स्थूल जगत की नील गगन की
या हो शीतल बरगद की।
साथ साथ प्रति क्षण जीवन के
तुम जीवन की हो छाया,
नव स्मृति की या संस्कृति की
पुरा पुराणों की छाया।
अमर आत्मा सी तुम शाश्वत
नहीं बाँध तुमको पाता,
अहो! शान्तिप्रिय शांति धारिणी
शीतलत्व तुमको भाता।
प्रखर ताप में मरु ग्रीष्म में
जीवन को जीवन देना,
क्षुब्ध मनुज अम्बुधि की क्रुद्ध
लहरियों को मन्द–मन्द खेना।

सत् सह योगी तुम योगी सी
आत्म तत्त्व को देकर शान्ति,
हरती हो उत्ताप जगत के
कलुषित जन–जीवन की भ्रान्ति।

अथवा तुमको मानव जीवन
को सुन्दर करना भाता,
तभी स्वयं दारुण ग्रीष्म में
पथिकों को देती छाता।

मनः स्वामिनी सी तुम मानव
का करती कल्याण सदा,
स्वयं समुज्ज्वलता को तजकर
आयी तरु के पास कदा।

नहीं जान पाया मैं अब तक
नहीं जान मानव पाता,
किस पावन क्षण किस मधुमय क्षण
लेकर के आयी नाता।

देख चकित मैं हुआ एकाएक
तुम्हें निकट अपने पीछे,
कब आयी कुछ जान न पाया
जीवन के पीछे–पीछे।

नश्वरता को जान दूर रहती हो,
तुम भव–वैभव से,

पारिश्रमिक तुम्हारा क्या है
अथक परिश्रम में ऐसे।
आकांक्षाओं से पूर्ण मुक्त तुम
जन्म–मरण से मुक्त महत्,
शक्ति तत्त्व में लेता प्रश्रय
यह समग्र है जगत असत्।

विश्व विवर्तमय परिवर्तन
मय तुम भी हो, तो छाया,
तरु के तल पर नृत्य किया
करती रवि के कर की माया।

या तुम बाँसों के झुरमुट की
चितकबरी उभरी छाया,
विजन लताओं, निर्जन गुल्मों
की मृदु डालों की छाया।

अहो, क्लान्त कानन की छाया!
आयी यहाँ कहाँ सोने,
त्याग विभा के कुसुम सुकोमल
परिमल के गीले दोने।

दूर क्षितिज के गोल परिधि की
महाकाल के बाहों की,
तुम छाया हो ऊर्ध्व वितानों
या स्वर्णिम आह्वानों की।

* * *

शिव स्तुति

जय महेश, जय जय त्रिपुरारी,
नील कण्ठ, जय गंगा धारी।
जय उमेश, जय हिम गिरि वासी,
व्यापक विश्व वन्द्य अविनाशी।
सूर्य–चंद्र ब्रह्माण्ड विधायक,
जगत पापहर तेज प्रदायक।
शूलपाणि सब करहिं प्रशंसा,
यह ब्रह्माण्डमात्र तव अंशा।
सर्व सिद्धि दाता, जग–त्राता,
तुम अति सहज, सरल विख्याता।
बाल–सुलभ, गुणनिधि अतिपावन,
दिव्य भस्म–भूषित, पंचानन।
भाल–चन्द्र, मृत्युंजय शंकर,
महाकाल हो तुम्ही शुभंकर।
आशुतोष, ॐकार स्वरूपा,
करहु कृपा हम पर अनुरूपा।

शक्तियुक्त शिव आपको
बारंबार प्रणाम।
अपने भक्तन का करो
सदा सहज कल्याण।।

* * *

आ नो भद्राः क्रतवो यन्तु विश्वतः

आने दो सब ओर से
सुन्दर स्वच्छ विचार,
मानव की गरिमा बढ़े
औ होये उद्धार।

बहुत कलुष फैला हुआ
उसे रोकना धर्म,
सब जन मिलजुलकर करें
सहज सात्विक कर्म।

अपनापन जो खो गया
उसका पुनः विकास,
औ आशा विश्वास का
चहुँ दिशि होय प्रकाश।

जो कुछ भी सुन्दर सुखद
जग में है उपलब्ध,
उसे समन्वित हम करें
यह ही है प्रारब्ध।

जहाँ कहीं से भी मिले
ज्ञान और विज्ञान,
उसे सँजो, आगे बढ़ें
फैले कीर्ति महान।

सत्य, शील, शुभगुण, सहित
मिले सहज सम्मान,
विश्व–बन्धु भारत बने
गूँजे गौरव गान।

सद् ग्रंथों का पाठ कर
हम करते हैं अर्थ,
किन्तु आचरणहीन यदि
तो फिर सब कुछ व्यर्थ।

अतः उठो, जागो अभी
चलो त्याग विश्राम,
जन–जीवन में दीखना
चहिए सच्चा काम।

* * *

सनातन सत्य

बहुत पढ़ने गुनने के बाद
एक ही सूत्र मिला, अपवाद,
सत्य की सत्ता है साकार
असत् का कहीं नहीं आधार।

खोजता धन में मन विश्राम
भटकता रहता नहीं विराम,
संतुलित जीवन स्वच्छ विचार
सहज मानव का है अधिकार।

किन्तु वह भूल चुका है आज
सरल जीवन और उच्च विचार,
जगत में फैला यह अभियान
अर्थ है जीवन का आधार।

अर्थ उतना ही है उपयुक्त
मनुज जिससे हो संकटमुक्त,
सहज जीवन हो चिंताहीन
न बनना पड़े कभी भी दीन।

रहे सिर उन्नत गौरव युक्त
मगन मन हो महिमा संयुक्त,
यही संस्कृति है और संस्कार
करे मानव का जो उद्धार।

आज मैं करता हूँ उद्घोष
बचाओ संस्कृति, हो संतोष,
नहीं यदि रहा सहज विश्वास
निश्चय ही आगे महाविनाश।

न खोये भारत का अभिमान
जगत् गुरु का करें सभी सम्मान,
बनें हम आज पुनः उस योग्य
सु–सज्जित हो समष्टि आरोग्य।

वेद उपनिषदों का विज्ञान
ग्रहण कर खोजें नये निदान,
यही ऋषि मुनियों का संदेश
यही आदेश यही उपदेश।

* * *

सरदार पटेल के प्रति

भारत माँ के सच्चे सपूत
जन–जन के थे तुम कर्णधार,
संस्कार युक्त तुम धीर वीर
पालन करते थे सदाचार।

सैकड़ों रियासत एक किया
योजना बद्ध, तब बना देश,
इस युग के तुम चाणक्य बने
भारत के गरिमा गृह विशेष।

तुम फूलों से भी कोमल थे
थे तुम वज्रादपि कठोर,
तुम लौह–पुरुष कर्त्तव्यनिष्ठ
दृढ़ता थी तुम में पोर–पोर।

भारत के गौरव के प्रतीक
तुम से भारत का उठा माथ,
भारतीय संस्कृति के रक्षक
तुमने उद्धारा सोमनाथ।

उत्ताल तरंगें सागर की
मंदिर से जब टकराती हैं,
तब कोटि–कोटि करबद्ध जनों –
को याद तुम्हारी आती है!

* * *

कल्पना साकार करो

ज्योतिर्मय जगत में
समष्टि में निरत रह,
उद्यमशील बन कर
नव सर्जना करो।

पृथ्वी से व्योम तक
सत्य को समाहित कर,
शिष्टता, शालीनता, सहिष्णुता–
का सद्उपयोग करो।

संकल्पित विचारों को आचार व्यवहार में
परिवर्तित, परिवर्धित कर
शुद्ध शुभ लाभ करो।

श्रेष्ठतर जो कुछ भी है, उसका निर्माण कर
मानव के हित–हेतु
कल्पना साकार करो।

* * *

ईशा वास्यमिदम् सर्वम्

जो कुछ भी उपलब्ध है
जग में, जग से दूर,
सब में ईश्वर व्याप्त है
चिति गति से भरपूर।

प्राणिमात्र का हम करें
सब विधि से कल्याण,
त्याग ईर्ष्या द्वेष सब
तब ही होगा त्राण।

पीपल, बरगद, नीम औ
शमी आदि शुभ वृक्ष,
इन्हें लगा, पूजें सभी
घर बाहर हों स्वच्छ।

यह समष्टि ईश्वर रचित
इसमें कहीं न भेद,
मानव ने पैदा किया
भेद, यही है खेद!

अतः भेद को दूर कर
सम्यक् सबसे स्नेह,
सारी मानवता करे
त्याग सभी सन्देह।

* * *

सम्भवामि युगे युगे

हे श्रीकृष्ण !
कहा था तुमने बारंबार
धर्म की होगी जब–जब हानि
और होगा अधर्म–उत्थान
तभी मैं लूँगा नव अवतार।
सज्जनों का करके उद्धार
दुष्कृतों का करके संहार
स्थापित कर स्वधर्म का राज
सत्यनिष्ठा का होगा काज।
आक्रोशित है सारा देश
नहीं मिलता है न्याय, विवेक,
गुँजाओ, पांचजन्य का घोष
तनिक जनता देखे उत्क्रोश।
दिखाओ तो अपना कुछ सत्त्व
पता तो चले कहीं अस्तित्व?
अन्यथा निरर्थक है उद्घोष
कहाँ है शक्ति, कहाँ परितोष?
करे मानव कैसे विश्वास!
तुम्ही जीवन हो तुम्ही प्रकाश

तुम्ही रणछोड़ बने जगछोड़
छिपे हो कौन गुफा की क्रोड़।
बना लम्पट लोगों का देश
लूटते लोलुप साधू वेश
सत्य का होता है अपमान
दुष्कृतों को मिलता सम्मान।
अरे गोविन्द, द्वारकाधीश!
विश्व तुमको कहता जगदीश
विश्व के सभी विचक्षण लोग
लगाये बैठे आशा ईश।
हरे! हरि हरो, जगत की पीड़
सज्जनों की बनने दो नीड़
अविद्या का करके उपचार
जगत् पावन आचार–विचार।
चमत्कृत करो सुदर्शन चक्र
हरो दुःख दर्द घुमाकर वक्र
शिरोच्छेदन कर दुष्ट समाज
न चूको समय साक्ष्य रसराज।
धरो तुम दिव्य शक्ति अवतार
ध्वस्त कर दुष्टों का संसार
सभी शरणागत हैं हे नाथ!
त्वरित दौड़ो अब करो सनाथ।

* * *

समसामयिक गीत

जहाँ कभी वट वृक्ष थे
पीपल, नीम, पलाश,
वहाँ आज दिखती नहीं
यत्र तत्र भी घास।

सघन वनों में विचरते
थे, मृग और मृगराज,
आज सभी कुछ लुप्त हैं
मानव का पशु–राज।

वाहन साधन साथ हैं
पर रीते सत् मित्र,
अतुलनीय सम्पत्ति है
फिर भी रिक्त चरित्र।

हमने अपने स्वार्थहित
सघन वन किये नष्ट,
ग्लोबल वार्मिंग हो रही
मानव देन निकृष्ट।

पर उपदेशक बहुत हैं
पालन कर्ता अल्प,
यदि सबजन पालन करें
सफल होंय संकल्प।

कहने को तो बहुत है
लेकिन सब बेकार,
रक्षक ही भक्षक बने
फिर किसका उपचार!

अस्त्र शस्त्र सब व्यर्थ हैं
ईश्वर दे सद्बुद्धि,
जग में सबका ध्यान हो
सब की होय समृद्धि।

* * *

ऋतु परिवर्तन

स्तब्ध सान्ध्य का श्यामल तन
खग कुल जाकर सोये गृह वन
अँगड़ाई ले उत्ताल लहर
छू रही गगन–पथ हहर हहर।
ग्रीष्म का प्रबल मरुत उच्छ्वास
मथ रहा नीले नभ को
कर विक्षत विक्षुब्ध धवल
तारा दल हास–विलास।
उड़ रहे तरुदल नभ के पार
प्रखर, खर खर, स्वर का संसार।
गहन से गहन आसमां पार
छू रहे पाद प्रसार।
पिघलते कुलिश कठोर
छूटते बालारुण के बाण।
सघन तरुओं की हरी भरी सब डालें
आतप के तापक प्रभाव से
झुक आयीं झूलों सी डालें।

पिक पंचम स्वर
अतिशय शान्त
खोज रहे जल जीवन मृग गण
घन–वन वन एकान्त।
टप टप टप
दो चार बूँद
गिर पड़े सुनहरे पत्तों पर
धुल गया कुहासा सा कल्मष
जो बिखरा था पत्तों ऊपर।

तरल चपल धाराधर
छोड रहे जल वसुधा पर
हैं खेल रहे उसमें बालक
सब पकड़ रहे बुलबुले
बन रहे और मिट रहे जो
प्रति क्षण जन जीवन से।

हुई लो शस्य श्यामला भूमि
मच गयी गृह, वन, सर में धूम
यही तो है पावन बरसात
भीग जब जाते गात
ओज से भर जाता मन
हर्षोत्पल खिल स्यात्।
और वह इन्द्र–धनुष अज्ञात

विमल जल तरल कणों के साथ
नभ में नव आभास,
पीले नीले ले सुमन हार
रक्ताभ हरे पल्लव सँवार
कर लेकर सतरंगी माला
वह छोड़ गया नैसर्ग पार।

मिट गया तरणि का प्रबल ताप
जन जीवन में चेतन प्रकाश
फैला चहुँ दिशि नूतन विकास।

***

प्रार्थना

जगत् माता, पिता, स्वामी,
सखा, तुम श्यामसुन्दर हो।
तुम्हीं प्रज्ञान, तुम विज्ञान–
वेत्ता, योग, योगीश्वर।
तुम्ही जप हो, तुम्ही तप हो,
तुम्ही गोऽतीत, जगदीश्वर।
तुम्ही कर्ता, तुम्ही धर्ता,
तुम्ही भर्ता, विधीश्वर हो।
तुम्ही हो तंत्र, तुम हो मंत्र,
तुम हो वर्णमालेश्वर।
तुम्ही हो तेज, तुम हो सोम,
तुम ही सिद्धि, सिद्धेश्वर।
जगत में सूक्ष्म से भी सूक्ष्म,
बृहदाकार, बृहदेश्वर।
तुम्ही हो अग्नि, औषधि, ओज,
अमृत और सर्वेश्वर।

पितामह, तुम जगत के हो,
हरो अज्ञान, ज्ञानेश्वर।
तुम्ही सबकुछ जगत में–
स्थित अधिष्ठाता, अधीश्वर हो।
तुम्ही हो भक्ति, तुम ही शक्ति,
चराचर व्याप्त, विश्वेश्वर।
महीधर तुम, मुनीश्वर तुम,
पतित पावन, महेश्वर हो।
नहीं कोई बता सकता –
जहाँ गति ना तुम्हारी हो।
सहस्रों नाम हैं, प्रभु तव,
अनेकों रूप, रूपेश्वर।
अनेकों विघ्न है जग में,
विनाशो विघ्न, विघ्नेश्वर।
सहस्रों सूर्य से सेवित,
हरो भव कष्ट, परमेश्वर।

* * *

अवध की भोर

छोटे से श्रीराम हैं
घुँघराले हैं केश,
चपल, चमक, चितवन –
चकित, मस्तक तिलक विशेष।
मन्द–मन्द मुस्का रहे
चितइ, चितइ, चहुँ ओर,
पाटल की माला गले
शोभित गन्ध विभोर।
काँधे तरकस में भरे
तीर हरन भवपीर,
छोटी धनुही हाथ में
चमकत पन्ना हीर।
झिलमिलात झँगुली पहिन
धोती छोटी ठीक,
कूदत सरयू तीर पर
बजत किंकिणी नीक।

सरयू भी झंकृत हुई
अंकित लहर हिलोर,
चरण कमल परसन चली
हुई अवध की भोर।
सूरज की किरणें पड़ीं
लहरें लोल ललाम,
उछरि उछरि गिरि गिरि परत
पकरन चाहैं राम।
आस–पास जो जन खड़े
देखि देखि मुस्कात,
पकरि न पावैं जब लहर
भीगत घर को जात।
यह सारा ब्रह्माण्ड है
जिनके मन आधीन,
करत बाल लीला सहज
जानि बूझि लवलीन।

* * *

सरयू नदी तीर्थराज की दृष्टि में

एक बार यहि कलियुग माहीं,
अवधपुरी घन बट तरु छाहीं।
वीर विक्रमादित्य नरेशा,
बैठे भजन करहिं जगदीशा।
तबहिं भयो एक अचरज भारी,
विस्मय विक्रम नयन उघारी।
देखा श्यामल अश्व अनूपा,
ता परि बैठि श्याम एक भूपा।
उतरि अश्व से चहुँदिशि देखा,
मानो चाहत गुपुत–विशेषा।
पहिले सरयू कीन्ह प्रणामा,
फिरि स–अश्व प्रविशे जलधामा।
कछुक काल फिरि बाहेर आवा,
स्यंदन श्वेत, श्वेत नरनाहा।
अति विस्मय भा विक्रम काहीं,
समुझि परै न तो बूझैं जाहीं।
गये पास फिरि कीन्ह प्रणामा,
को तुम आय कहाँ तव धामा?
अति विचित्र हम दीख दयाला,
कौन काज आयहु, यहि काला।

तब अतिसहज सनेह स्वरूपा,
कहेउ अपरिचित नृप निज रूपा।

तीरथराज प्रयाग हम
धोवहिं सब जन पाप,
उन पापन के कारणैं –
श्याम वर्ण भयो आप।

सरयू अति पावन परस
आयहुँ धोवहिं पाप,
जो कोउ कबहुँ न करि सकै
सरयू करै निष्पाप।

अब हम पाप विहीन हैं
अतिशय निर्मल स्वच्छ,
यहि कारण आवहुँ हिआँ
सरयू करै अतिस्वच्छ।

सुनत विक्रमादित्य नरेशा,
कीन्ह प्रणाम प्रयाग विशेषा।
जो प्रयाग सब कलिमल हरनी,
वह प्रयाग बोलेऊ निज करनी।

बार–बार आवहुँ हिआँ –
धोवन जन–जन पाप,
सरयू के संस्पर्श से –
होउँ धवल निष्पाप।

***

श्रीकृष्ण को पाती

हे श्रीकृष्ण !
तुमने बहुत उपदेश उत्तम
पार्थ को तो थे दिये,
पर व्यर्थ हैं सब आज –
कल के लोलुपों के लिए।

हे कृष्ण! हे माधव! हे मुरारे!
सभी जन अति त्रस्त हैं,
भेजो स्वयं संदेश–वाहक
आप यदि अति व्यस्त हैं।

कुछ तो करो जिससे
सभी जन सहज जीवन जी सकें,
औ मनुजता जो मर रही
वह पुनः जीवन पा सके।

जब भावनायें मर गयीं
तब कहो क्या बाकी बचा,
विश्वास ही जब खो गया
तो और क्या खोना बचा।

तुम तो जगत्पति हो
जगत में आस्था स्थापित करो,
जन–जन दुखी है कुटिलता से
सरलता व्यापित करो।

तुमने दिखाया था विराट् –
स्वरूप अर्जुन को कभी,
पर आज तो है अति–
विलक्षण रूप की आशा अभी।

अब नहीं है कोई किसी का
सब स्वार्थ में निष्णात हैं,
तुम बन्धु हो, माता, पिता हो
सभी तुमको ज्ञात है।

सबने सुना है क्षीरसागर
किसी ने देखा नहीं,
यदि सत्य नारायण सही
तो प्रकट क्यों होते नहीं!

जब पिट रहा है सत्य प्रतिक्षण
कौन मानेगा इसे,
तुम विश्व व्यापक ब्रह्म हो
फिर कौन जानेगा इसे?

तेजस्वियों के तेज को
सब पूजते हैं आज भी,

तुम भी दिखाओ तनिक
अपना तेज तो जाने सभी।

अब छोड़ दो वंशी बजाना
आज तो वह व्यर्थ है,
अब तो सुदर्शन चक्र ही
खल–दलन में स्व समर्थ है।

धन लूटने में आज के भगवान्
अति विख्यात हैं,
वे सभी कोट्याधीश हैं
और मूढ़ता से ख्यात हैं।

तुमने नहीं कुछ भी कमाया
व्यर्थ ही जीवन जिया,
अनिरुद्ध औ प्रद्युम्न
के लिए तुमने क्या किया?

तुम भी अनाड़ी ही रहे
इस देश से सीखा नहीं,
दस बीस मन ही स्वर्णमुद्रा
छोड़ जाते तो सही।

तब पुत्र, पौत्र, कलत्र
कहते पितामह, भगवान् थे,
वे असीमित सम्पत्ति के
पति और सत्तावान् थे।

तुमने न कुछ सीखा, न –
सिखाया असत् तो क्या करें?
कैसे करें रक्षा स्वयं की
बताओं तो हे हरे!

तुम तो भगोड़े थे, कभी –
घर छोड़ के, रणछोड़ थे,
पर क्या करें सामान्यजन
घर ही नहीं, क्या छोड़ दें?

हम सुना करते थे
तुम्हारें यहाँ तो बस देर है,
पर अब दिखाई दे रहा
अन्धेर ही अन्धेर है।

अब बात लम्बी हो गयी
तुम क्षमा करना ईश हो,
पर क्या करें किससे कहें
जब देश छद्माधीन हो।

***

सदा आनन्द हो

सभी निर्द्वन्द्व हों,
सभी निस्तन्द्र हों,
जीवन अमन्द हो,
शाश्वत आनन्द हो,
ओजस्वी छन्द हों।
सरसित सुगन्ध हो,
पुष्प वाटिकाओं में
बरसत मकरन्द हो,
जन–जन को सब सुलभ
छल–छद्म बन्द हों।
मानव मन स्पन्द हो,
जाग्रत जनतंत्र हो,
बागों में बगीचों में
बिखरा वसन्त हो।
हिमगिरिवत् स्वच्छ, धवल
निश्छल निष्क्रन्द हों
सब जन मन निर्मल
कहीं न प्रतिबन्ध हो,
यत्र, तत्र, सर्वत्र,
सदा आनन्द हो।

* * *

अश्वमेध यज्ञ का तथ्यार्थ

अश्वमेध का अर्थ नहीं
अश्वों का बलिदान,
अश्वमेध का अर्थ है
मेधा अश्व समान।

ब्रह्मवेत्ता थे जहाँ
करते थे शास्त्रार्थ,
अश्वमेध के नाम
से होता था चरितार्थ।

एकत्रित होते रहे
शत–शत विद्याधीर,
उस पुनीत अति घाट पर
होता ज्ञान गंभीर।

अश्व शक्ति सा तेज बल
वाले सब धीमान,
परिचर्चा करते जहाँ
अश्वमेध का दान।

अश्व शक्ति का रूप है
मेध, मेधावी जान,
जहाँ संगठित होते कभी

थे विद्वान् महान।
राजा घोषित हो जहाँ
चक्रवर्ती सम्राट्,
अश्व पूजता था तभी
विद्वत् सभा विराट।
इसी भाँति दस हुए थे
महा समागम धीर,
शक्तियुक्त मेधा महा
बहती गंगा तीर।
भारत के इस देश में
हिंसा का था त्याग,
फिर कैसे होता रहा
अश्वों का वध याग!
अतः यथा ऊपर कहा
ज्ञान यज्ञ था ज्ञेय,
अश्वमेध का नाम था
उत्तम ज्ञान अजेय।
जैसे मेला कुंभ का
नहीं कुम्भ समुदाय,
अश्वमेध का यज्ञ भी
किंचित् कठिन उपाय।

* * *

श्रीराम बाटिका

रामु एकु आरामु बनावा।
भाँति भाँति के पुहुप लगावा।।
गमकैं फूल मनोहर रंगा।
उड़ि उड़ि बैठहिं सहज पतंगा।।
गेंदा, गुलदाउदी, अनेका।
शेफाली महकति अतिनीका।।
बेला, जूही और चमेली।
रजनीगन्धा औ रसबेली।।
फूल मालती सहज सुहाये।
विष्णुकान्ता अति मन भाये।।
लाल, पीत, औ श्वेत कनेरा।
मनु, माधव ने डारेउ डेरा।।
प्रातः होत तरु देखन जाई।
पुहुप पास बैठे दोउ भाई।।
सरयू से लै–लै के बारी।
सींचै राम–लखन सब क्यारी।।

सींचै बिरछ लखन रघुराया।
पर्यावरण सहज सुखदाया।।
पीपल और मधूक रसाला।
बरगद, गूलर, टेसू आला।।

बेलपत्र, शहतूत, सुहावा।
दाड़िम, कमरख, सब मनुभावा।।
कटहल, बड़हल, नीम, अशोका।
कैथा, इमली, खटमिठ, फीका।।

अमलताश, रुद्राक्ष, अनेका।
देवदारु, शोभित अति नीका।।
शमी, शाल्मली, शीशम, अरणी।
लता, गुल्म कछु जाय न वरणी।।
खेलैं हुआँ, जहाँ तक छाया।
बहुविधि लीला करैं सहाया।।
मगन होत सब अवध–बिहारी।
देखि–देखि करि अचरज भारी।।

देव–देवता धरि बहुरूपा।
खेलैं राम, लखन संग भूपा।।
सरयू सहज बहति अति पावन।
अवधपुरी जन पाप नसावन।।

एक ओर, तालाब बनावा।
नील कमल अतिशय मनुभावा।।

भन्न–भन्न गूँजहिं बहु भृंगा।
उड़त पराग पीत रुत संगा।।
मोर, पपीहा, पीलक, मैना।
कोयल, बुलबुल सब मधु बैना।।
कहहुँ कहाँ तक मंगलताई।
बुध बिरंचि तक कहि नहि जाई।।
बहति पवन पावन सुखदाई।
अगरु, कपूर, सुगन्ध बसाई।।
राम बाटिका सब रुज हरनी।
सुन्दरता कछु जाय न बरनी।।

* * *

भारतीय संस्कृति

उलझी श्वासों में चपल वात
वाणी में उलझे वर्ण गात
आरही दूर से झंकृति धीरे धीरे,
मन में फँस गयी अगति गति
चेतना स्फूर्ति में समाहरित
उतरी शुभ संस्कृति श्यामप्रभ नभ चीरे।
वीणा के स्वर्णिम तार–तार
वाणी पयस्वनी निःस्वन उदार
छा जाये सारी वसुधापर अति सुखमय,
जिससे जन मन हो स्वच्छ अमल
जैसे उत्फुल्लित अरुण कमल
सब का जीवन हो जाय शुद्ध मंगलमय।
कल कल, कल कल, का पावन स्वर
सरि कूल विटप पर खग सुन्दर
कर रहे घोष वेद ध्वनियों का सस्वर,
नव अंशुमालि की रश्मि प्रखर

बेधती अन्धकारा भूधर
हो गया विलय तम, शोभा नूतन भास्वर।
जागो जागो का हुआ शब्द,
बीते सोते से शतक अब्द
अब ज्ञान समीरण दिग्–दिगन्त में डोली,
निज चपल स्पर्श से जन हर्षित
हो गये जीर्ण तार कर्षित
हृत् तंत्री ने नूतन आभा पट खोली।
बन रहे घोर ब्रह्मास्त्र शस्त्र
जनता के जीवन प्राण वस्त्र
हैं नहीं भवन, जन की काया हँसती सी,
कैसी मूढ़ता विश्व–विश्रुत
सब कुछ मानव का है रिश्वत
मन की विभुता को भूला आज मनस्वी।
भूला मानव कर्माधिकार
चिर आकांक्षा ही बनी भार
उसके कारण ही निर्विचार मन अस्थिर,
इसलिये भ्रमित चित्त इधर–उधर
है नहीं पा रहा कुछ भी कर
केवल आकांक्षा का फल मन में धरकर।

हो ज्ञान ध्यान में अति उज्ज्वल
मन का शतदल खिल कर प्रतिपल
फैले सुवर्ण कर्णिका सुरभि अभिमज्जित,
कृषकों के प्रिय घर पर मरन्द
उड जायँ जगत के छद्म छन्द
मानव का मन, उर, कानन, गृह अभिरंजित।

संचित कर विद्युत के द्रुत कण
संचालित गति छाये कण कण
तम की कारा को तोड़ बहे शुभ निर्झर,
सत जीवन के निर्झर में बह
हो स्वस्थ मनुज शीतलता सह
फिर निकले उससे रोगमुक्त हो सुन्दर।

हों भस्मीभूत सब जगज्जाल
कल्मष मसकों से ध्वंस काल –
मुख पहुंचे भू से तत्क्षण,
केवल सत् का हो महोच्चार
चेतन का जगती पर प्रचार
आचार विचारोन्मुख मानव का सत् मन।

नव ज्ञान और वह पुराघोष
मानव उर का विष विषम शोष
भर दे अपना पावन पीयूष तजकर भय,

उड जायँ ईर्ष्या के पतंग
मिट जायँ जगत् के रूढि जंग
लग गया बहुत, हो जाये उस सबका क्षय।

नव तालाबों में नवल कमल
मुकुलित हों स्निग्ध नील–उज्ज्वल
रक्ताभ समन्वित हों शीतल तम लहरें,
फिर सहस्रार के शर स्पर्श
भर चित् सौरभ खिल सहित हर्ष
फैलाये लहरें, मानव जीवन लहरे।

प्रिय कर्म योग पालक बालक
गुरु शिष्य मूल्य के परिचालक
हो दूर घृणा, उदण्ड, सत्य हो शाश्वत,
सबके मन मे हो स्नेह, सत्य
मानव मानव का बने मित्र
सारी वसुधा में सत्यमेव हो जयते।

प्रस्फुटित नवल कलिका प्रियतर
उससे मज्जित सौरभ से तर
ज्यों मलय पवन के झोंके आयें रह रह,
उस भाँति परम पावन मानव
निज गुण प्रसार, तज कर दानव,
फैलाये लहरें, अखिल विश्व में अहरह।

पेड़ों में जड़ से पत्तों तक
बह रहा चेतना जीवन रस
पा अमृत तत्त्व मानव से अधिक मनस्वी,
जिनके पल्लव, फल, फूल, मूल
मानव खा उनको चला भूल
अब कर विनाश, बनते हैं आज तपस्वी।

उठ चलो कह रही है संस्कृति
जागृत कर दो अपनी वह चिति
फैले ज्ञानानिल की तरंग द्रुत जन–जन,
फिर खिले मनः उत्पल सुन्दर
बिखराये ओजस्वी कण, कर
भर, भरकर मानव के अन्तर में तत्क्षण।

फिर जाग पड़े मेरा वह कवि
फिर हो प्रकाश फिर आये रवि
मृदु मधुर सांस्कृतिक स्वर नभ से सरसाये,
मुकुलों में जीवन का मरन्द
भर जाय सुरभि अति स्निग्ध स्पन्द
फिर दिव्यानिल से दसों दिशा महकाये।

नभ का नवीन सूरज उज्ज्वल
शत कर धरकर, शत चक्र प्रचल
कर, हलचल भू से अम्बर तक मच जाये,
शत स्फूर्ति तूर्य नक्षत्र गगन

व्यापित हो नव स्वर वलित मगन
जन–जन के मन में नवोद्घोष छा जाये।

अपनी संस्कृति का दिव्य रूप
जिसको ललचाते देवदूत
हैं आते प्रतिदिन चहुँदिशि से सैलानी,
सब देख–देख कर उत्फुल्लित
होते प्रतिक्षण पुलकित हर्षित
हम नष्ट कर रहे उसे समझ अज्ञानी।

हम जिसे समझते व्यर्थ आज
वह देती नव उत्कर्ष साज
बहुदेशी पाते शान्ति परम अतिपावन,
मन को भाते बहु रीति सुमन
संयुक्त देख गौरांगी जन
सोचते सदा हो ऐसा ही जन–जीवन।

हैं टूट चुके जिनके बन्धन
वे पुनः चाहते नव बन्धन
पारिवारिक जीवन देख–देख कर विस्मित,
हम जिसे तोड़ने को उत्सुक
वे उसे बाँधने के इच्छुक
कुछ तो है ऐसा अपनापन आकर्षित।

वे एक एक क्षण निरख–निरख
सोने से जैसा परख–परख

कर स्वयं चाहते हैं हम सब सा बनना,
पर महामूढ़ हम कर उजाड़
अपनी संस्कृति को तार–तार कर
गौरांग देशमय बाना आदि पहिनना।
क्या नहीं मूर्खता का प्रकोप
फैला ऐसा है घटाटोप
चाहते सदा ही अपनापन हम खोना,
अपनाने को कलुषित विचार
चिल्लाते हैं हम गलाफाड़
है इससे बढ़ कर और कहाँ क्या रोना।
सारी वसुधा है देख रही
सांस्कृतिक विरासत बची रही
तो फिर भारत होगा जगती में जगमग,
हम ध्वस्त कर रहे उसे आज
दुःख तनिक नहीं, कर नग्न नाच
हम नष्ट कर चुके आधी संस्कृति लगभग।
जो कुछ भी है अब बचा शेष
उसको आरक्षित कर विशेष
हम फिर समृद्ध कर संस्कृति सहज सनातन,

हम नष्ट कर चुके वन जीवन,
अब नहीं बचे हैं खग–गुंजन
है सूना–सूना ग्राम, शहर, जन–जीवन।

फिर से आच्छादित करें वृक्ष
वन सघन और हो वायु स्वच्छ
तो रोग मुक्त हो जायेगा जग स्तर,
अपने संस्कारों को सहेज
जो भरते प्रतिफल ओज तेज
संस्कृति रक्षा को हो जायें हम तत्पर।

यदि बची रही संस्कृति सनाथ
होगा हम सबका उच्च माथ
सहलेंगे हम झंझा बातों को सत्वर,
पर नष्ट कर दिया यदि सबकुछ
फिर नहीं बचेगा ज्ञान इच्छुक
हम फिर कैसे होंगे जगती के गुरुवर।

ईश्वर का मतलब इष्ट ईश
यह तो है अपना ही अभीप्स
अब तो जागो कर परित्याग खल–जीवन,
सोचो औ जागो एक बार
अपनी संस्कृति को करो प्यार
तो निश्चय ही जाग्रत होगा फिर जन–मन।

सांस्कृतिक सूर्य फिर से चमके
चंचल चपला से दिक् दमके
भव–विभव पराजय ज्ञेय तत्त्व से पाये,
तब हम जागें तब तुम जागो
मानव समुद्र फिर से जागे
यह भव्य विश्व जाग्रत हो और जगाये।

खग से तुतले शिशुओं के स्वर
छायें समग्र वसुधा ऊपर
विद्वेष, कपट, छल रहित, सरल हो मानव,
सब द्वन्द्व रहित, हों ज्ञानपूर्ण
गृह हों सबके धन–धान्यपूर्ण
कोई न जगत में हो हताश नीरव–रव।
चुन–चुन कर ज्ञान गीत सुन्दर
फैलायें जगती के ऊपर
जिससे सब मानव हों अतिशय मन सुन्दर,
हम करें उन्हें संयुक्त आज
निर्माण करें फिर नव–समाज
बाजे वीणावादिनि की वीणा का स्वर।

* * *

शिव एवं राम की एकात्मकता

दो. – आदि अन्त पावैं नहीं
ब्रह्मा, विष्णु, गणेश।
सब व्यापक सर्वज्ञ हैं
सुरसरि पिता महेश।।
शिव समान कोउ सरल नहिं
मम समान शिव भक्त।
हम दोनउँ बन्दउँ सदा
दोनउँ हैं अविभक्त।।
जटाजूट धारी सदा
धूर्जटी अतिनीक।
भस्मविभूषित तन सदा
भाल चन्द्रमा ठीक।।
कोउ न पावै थाह तव
गुणातीत भगवान।
किन्तु सरल चित जो भजै
करहिं स्वयं अगवान।।
वैसे तो रघुबर कृपा

पइहैं सबहिं विशेष।
किन्तु चित्त एकाग्र से
भजु मम प्रियहि, महेश।।

चौ. – कोउ दुइ कहहिं कहहिं बहु रूपा।
एक तत्त्व एकहि भव भूपा।।
राम जगत पावन आधारा।
धरि नव रूप हरहिं भव भारा।।
दिव्य देह दुख दलन दयालू।
करहिं कृपा बिनु हेतु कृपालू।।
भजहिं सदा शिवशंकर नामा।
यथा योग पुनि करहिं प्रणामा।।
राम तेज, तप, ज्ञान, निधाना।
अति सूक्षम, अति महत् महाना।।

दो. – सहज सरल संकल्परत
कृपासिंधु रघुबीर।
आवै जो कोउ शरण महँ
हरिहौं उन की पीर।।
यहै राम की प्रतिज्ञा
भुज उठाइ प्रण कीन।
जग में कोऊ ना रहै
किंचित् दीन मलीन।।
हम करिबे सब पर कृपा
जेहि, भजिहैं, जस तात।

होइहैं कारज सफल सब
सदा प्रफुल्लित गात।।
बालमीकि तुलसी तरे
तरे सभी मम भक्त।
हम शंकर तो एक हैं
को करि सकै विभक्त।।
जो कोऊ जेहि की करै
भक्ति सदा लवलीन।
पत्र पुष्प श्रद्धा सहित
पहुँचै तहाँ प्रवीण।।
हम तो एक अनेक हैं
भक्तन के हित सेतु।
हरि, हर, शक्ति, पृथक् नहीं
हम ही सबके हेतु।।
चौ. – जो मोहिं जपै सदा जेहि भाँती।
करब मुक्त वहि को वहि भाँती।।
राम कहहिं हम लेखन वारे।
सबहि नचावहिं नाचहिं सारे।।
दो. – यत्र तत्र सर्वत्र हम
व्यापक शत–शत रूप।
देखनवारे को दिखै
जैसा चहैं स्वरूप।।

* * *

गीत

तुम शशिप्रभा के अंक बीच
क्यों छिप–छिप आँखे रहे मींच।
तुम क्या करुणा की मधुर बेल,
नीले अम्बर पर रहे खेल।
जिसमें अहरह बहता समीर,
सागर का स्वर उरभर गंभीर।
रे अमृत तत्त्व का कर प्रसार,
भारत वसुधा हो सुधा–सार।

***

तूफान

स्तब्ध त्रिपथगा की प्रस्तर
सोपानों के ऊपर
अगाध जल की उत्ताल तरगें
दे रही थपेड़े थप थप थप
हो रही चूर्ण प्रस्तर सोपानें सिकता सम
बह रहे अखण्डित प्रस्तर के
लघु बृहत् खण्ड,
हैं उत्फुल्लित हो रहे प्रफुल्लित कच्छ ग्राह
हो रहा युद्ध वटवृक्ष मध्य पाषाण खण्ड
झष उछल रहीं लखती कौतुक
दृग दृष्टि जिधर जाती दिखता
अमृत अगाध,
नीचे की शुक्तियुक्त सिकता ऊपर आती
आपगा का जल हहर हहर करता
तट पर,
भीषण तूफान आ गया तभी
उछला जल द्यौ पथ को छूने लेकर तरणी
पर नहीं पहुँच पाया, भूधर सम, गिरा पुनः
फँस गयी तरी

जल भ्रमर मध्य
कड़की चपला
हो गयी जल प्लावित नौका।
मानव प्राणी करते पुकार,
बह रहे विटप मृग मध्य धार
कर लुढ़क–पुढ़क
देखते दृश्य दृग थके तभी डूबी नौका
खर धार मध्य,
तत्क्षण जा पहुँचीं उलट–पुलट करके नीचे
पर इसी समय आया भीषण तर
जलोत्थान।
किसी अदृश्य शक्ति ने तरी को
तट की ओर फेंका तभी
प्राणी उसके सब ज्ञान शून्य
चेतनाहीन
कुछ छणिक बाद
आयी चेतन स्मृति सबको
लखकर अनन्त जल राशि
स्मरण कर "अनन्त"
नत होते
देख दृश्य जल का अगाध
फिर बार–बार।

* * *

प्रकृति के प्रति

अरी आँधियों तुम अपनी
झंझावातों से मन बहलाओ।
अरी बिजलियों तुम अपनी
चकमक से घर–घर दीप जलाओ।
अरे भूधरो! तुम अपनी नदियों
से जग की प्यास बुझाओ।
बचे–खुचे ओ वनों, वनौषधियों
से रुजहर, गन्ध बहाओ।
रंग–बिरंगे फूलों, तुम पीली
परिमल से जग नहलाओ।
अरे मोर, तुम नाचो, बुलबुल
कोयल, मधुमय गीत सुनाओ।
आमों, महुओं, मधुर जामुनों
तुम जन–जन की भूख मिटाओ।
ओ झरमुट में छिपे हुए –
मृगझुण्डों, अब बाहर आ जाओ
अरे बादलो, अब तो बरसो

शतदल, दलदल मध्य खिलाओ
हरी, मखमली, कोमल चादर
सी, धरती पर घास उगाओ।

* * *

स्मृतियाँ बचपन की

अब बात करें, क्या बचपन की,
मधु स्मृतियाँ हैं वे अन्तर की।
वह था सुकाल, वह सत्युग था,
अब तो बस कलुषित–कलयुग है।
तब नहीं कहीं था, भेद–भाव
मन में न तो था किंचित् दुराव।
सब सहज सरल थे हावभाव,
क्या लेना–देना, रख–रखाव।
तब था आशा–विश्वास भरा,
सब के मन में था स्नेह हरा।
चिन्ता क्या होती पता नहीं,
सब में ही मस्ती भरी रही।
तब निर्मल नदियाँ बहती थीं,
कल–कल के स्वर में कहती थीं,
अब तो वह सब कुछ बीत गया,
आशा का सम्बल रीत गया।
अब कहने को क्या बचा हुआ,

विश्वास आश भी बिका हुआ।
मन कहता है तो कहने दो,
विश्वास तनिक सा रहने दो।
उससे ही होगा जगत पार,
खुल जायेंगे सब बन्द द्वार।

* * *

भाग्य बड़ा या पुरुषार्थ

भाग्य बड़ा या बड़ा पुरुषारथ
चर्चा सभी बहु भाँति चलावैं।
कोटि उपाय करौ जी जान से
विधाता के आगे कोऊ का बस ना है।
मुण्ड कट्यो, गणनायक गणेश को
शंकर हूँ को, कछु समझि न आवै।
राम गयो बनवास बरस चौदह
कृष्ण हमारे रणछोड़ कहावैं।
शंकर को कहि, सोने को महल, बनवायो सती
वहिको भी रावण पुजारी लई जावै।
पूजा पाठ करौ, भले ही लाख देवतनि की
भाग्य के आगे, वे भी आगे न आवैं।
भाग्य बनावै, बिगाड़ै पुरुषारथ को
भाग्य के आगे सब शीश झुकावैं।
चाहै करौ, पुरुषारथ रात दिन
होइहै वहै, जो विधाता चाहैं।
हमहूँ कियो प्रखर परिश्रम छत्तीस बरस
अकथ विधाता को छत्तीस ही भावै।
कौन उपाय करौं केहि भाँति हम
बाम विधाता अब तो दाहिने आवै।

* * *

विश्वास

विश्वास रहे फिर जन–जन पर
रे मानव! ऐसा काम करो,
यह वह पूँजी है जगती की
जिस पर जनता की आश टिकी।
यह नहीं खरीदा जा सकता
बिकता है नहीं बाजारों में,
जो बिकता है बाजारों में
छल कपट भले, विश्वास नहीं।
मंथर–मंथर मधुमय गति से
बढ़ता है जन विश्वास तभी,
ऊपरी दिखावे चमक–दमक से
बढ़ता है, विश्वास नहीं।
मिथ्या बातें आडम्बर से
कोई न कभी ढक पाया है,
मानवता का विश्वास उठा
तो उसकी क्या औकात रही।

आशा, विश्वास, भरोसे से
जग चलता है तो चलने दो,
मत इसे बनाओ अब प्रपंच
इसकी सत्ता को रहने दो।

***

आकांक्षा

दया, ममता औ स्नेह उदार
माँग लो तुम अपना वरदान,
महामाया का यही प्रसाद
जगत जीवन पाये सम्मान।
अरे मानव! गुण–निधि की खान
खोजते कहाँ बने अनजान,
तुम्हारी आशा औ विश्वास
सत्य से आलोकित विज्ञान।
छमा की पूँजी औ संतोष
विलक्षण प्रतिभा से संयुक्त,
रहे हर क्षण जीवित परितोष
बने मानव, मानव का भक्त।
कहीं हो नहीं तनिक अन्याय
सभी चिर जीवी पायें न्याय,
वृक्ष औ लता, गुल्म समुदाय
हरित कर दें, दे पावन छाय।
पक्षियों का कलरव हो ध्वनित

दिशाएँ गुंजित कर मधुगीत,
बगीचों में, फूलों के स्तवक
बिखेरें अपना परिमल पीत।
प्रफुल्लित हों, सब तज भवपीर
विहँसते रहे सभी के साज,
चतुर्दिक हो उल्लास हुलास
यही आकांक्षा है बस आज।

***

राम-रावण की अन्तःवार्ता

दो.– कोटि कोटि रवि सम प्रखर
रवि बंसी रघुनाथ।
जिनके पावन स्मरण से
रहै न कोउ अनाथ।।

अति विनीत, अतिशय विमल
अति पुनीत प्रभुराम।
वर्णन कोउ न करि सकै
धीर ध्वज अभिराम।।

जिनके दर्शन के लिए
उतरे शेष, महेश।
धरा धाम पावन हुआ
रहा न किंचित् क्लेश।।

चारि पदारथ जगत के
हैं जिनके आधीन।
अष्ट सिद्धि नव निधि सदा
सेवहिं चरण प्रवीण।।

अतुलनीय छवि राम की
को करि सकै बखान।
उलटा सीधा जो जपत
पावत वह निर्वान।।

बालमीकि उलटा जपत
होइगे ब्रह्म समान।
तुलसी की कीरति अमर
जानत सकल जहान।।

अब हम कहिबे बात वह
हरि प्रेरित मन माहिं।
रावण का आचरण कस
अस विचित्र सब काहिं।।

चौ.– राम रावणहिं जानहिं दोऊ।
अन्य भेद जानहिं नहिं कोऊ।।
केहि बिधि करब दोऊ जन लीला।
होइहै तव उद्धार सुशीला।।
जेहि संतन दीनी सुचि श्रापा।
मरिबे हम होइहौ निष्पापा।।
हम धरि राम रूप अवधेशा।
तुम पुलस्त्य ऋषि कुल–आधीशा।।

ज्ञान और विज्ञान विशेषा।
देइहैं तुम को सबहिं महेशा।।
को करि सकै तुम्हारि बड़ाई।
महादेव जानत प्रभुताई।।
किन्तु उलट तुम करि ब्यवहारा।
राक्षस जनिहैं सब संसारा।।
हम तुम दोनउँ करब लड़ाई।
मरिहौं तुमहिं शत्रु की नाईं।।
तुम होइहौ अवतार बुराई।
सहज ज्ञान विज्ञान बिहाई।।
सब जन करिहैं सदा बुराई।
पर आचरण तुम्हारी नाईं।।
लेइहैं नाम हमार दुहाई।
भजिहैं सब तुम्हरी चतुराई।।
मरिहैं बाण कृतघ्न कलंकी।
धरि मम रूप, ढोंग, जन जन की।।
लइके झूठ हमार सहारा।
भजिहैं सदा तुम्हहिं जगसारा।।
दो.– महिमा अपरंपार है
कुटिल, मूढ़, मतिमंद।
नाम राम का लेइहैं
पर करिहैं छल–छंद।।

मम गुण पालन कठिन है
कलियुग में सब काहिं।
दसानन तुम शत गुना
बढ़िहौ कलियुग माहिं।।

तात! बात यह गुपुत है
जग जानहिं नहिं कोइ।
हम अपनी लीला करब
तुमहूँ करिहौ सोइ।।

चौ. – फिरि जब राम गमन बन कीन्हा।
सीता को पावक महिं दीन्हा।।
यह रहस्य लछिमनहु न जाना।
छाया सीता रही सयाना।।
एहि बिधि राम, लखन, अरु सीता।
घूमति बनहिं काल बहु बीता।।
रावण तब आयो बन माहीं।
सीता हरण कियो बन जाहीं।।
ऊपर ऊपर क्रोध दिखावा।
मन महिं चरण बन्दि सुखु पावा।।
सीतहुँ समुझि नाहिं कछु आवा।
रावण मन महिं धन्य मनावा।।

दो. – रावण श्रीसीता हरण
जानि बूझि कर कीन।
एहि बिधि से उद्धारिहैं
श्री रघुबीर प्रवीण।।

चौ. – करन लाग तब नाटक नाना।
सीता दुखित हुयीं यह जाना।।
भाँति–भाँति के दुख तब दीन्हा।
सीतहुँ असली भेद न चीन्हा।।
रावण सोचहि अइहैं रामा।
देखब हमहुँ मनोहर श्यामा।।
साक्षात श्रीविष्णु सुरूपा।
चरण वन्दना करब अनूपा।।
ऊपर ऊपर करब लड़ाई।
अन्तर ज्ञान रमापति पाई।।
यहै मुक्ति कै एक उपाई।
मरब राम के कर धनु भाई।।

दो.– राम लक्ष्मण आदि सब
पहुँचे सागर तीर।
रामेश्वर थापित कियो
राम धीर गम्भीर।।

कर्म काण्ड रावण कियो
राम दक्षिणा दीन।
लखन आदि अचरज करैं
दोउ शिव भगत प्रवीण।।

चौ. – कपि समूह नल नील अनेका।
लगे बनावन पुल अति नीका।।
फिर पुल पारि गयो सब लंका।
राम, लखन सेनापति बंका।।
रावण सोचइ यह मन माहीं।
अब मुकती छण दूर है नाहीं।।
घमासान हम करब लड़ाई।
राक्षस वंस विनास बिहाई।।
रावण मरण जगत सब गाई।
द्वारपाल बनिबे फिर जाई।।
एहि बिधि मिटै श्राप ऋषि काहीं।
औ दूसर उपाय कछु नाहीं।।

दो. – धड़धड़ात रावण चलेउ
करन समर महिं जुद्ध।
मनहीं मन सोचई लगा
आज होइहौं शुद्ध।।

चौ.– बहु बिधि माया रावण कीन्हा।

राम मनहिं मन सब कुछ चीन्हा।।
अस्त्र–शस्त्र से होइ लड़ाई।
शिव दोनउँ की करहिं बड़ाई।।
बहुत काल बीता यहि भाँती।
घमासान चहुँ दिशि आराती।।
तबहिं राम शुचि बाण चलावा।
नाभि भेद कर अमृत सुखावा।।
रावण गिरा धरणि पर भारी।
मन महिं राम – नाम उच्चारी।।

दो.– जो अतिशय शिव भक्त था
वह मम भक्त सुजान।
शिव ताण्डव लिखिकर
सदा रावण भयो महान।।
जब वहिने ही लिख दिया,
कुविचारों का त्याग।
तब वह कौनी बिधि बना,
कुविचारों का भाग?
अतः राम रावण दोऊ,
जानत रहैं अकेल।
जग जानै कोऊ नहीं,
रामचन्द्र का खेल।।

राम बतायो सबहिं को,
रावण अति विद्वान।
ज्ञानी, विज्ञानी अस,
भयो, न होइहौ, आन।।

रावण बल हारयो नहीं,
हारि गयो अभिमान।
एहि बिधि मुकती लिखी थी,
सब विज्ञान प्रमाण।।

चौ.– दशकंधर, अन्तर महिं रामा।
बार बार फिरि कीन्ह प्रणामा।।
यह रहस्य कोउ जानइ नाहीं।
राम भगत रावण अस आहीं।।
राम पूत अति रावण मारा।
गयउ तुरत भवसागर पारा।।
बार–बार वह देइ दुहाई।
जय जय जय रघुपति प्रभुताई।।

दो. – एहि बिधि मुकती मिली जब
रावण हर्षित गात।
कुंभकरण स्वागत करत,
जो पहिलेहिगे भ्रात।।

देवलोक में सब खड़े,
स्वागत करने हेतु।
जय औ विजय फिर से
बने, द्वारपाल सुर हेतु।।

कोऊ कबहुँ न लिखि सकै
रामकथा सम्पूर्ण।
जो ब्यापक ब्रह्माण्ड महिं
बिबिधि रूप परिपूर्ण।।

नाना विधि, बहु रूप धरि
लीला करैं रघुनाथ।
ऐसे कृपानिधान जब
द्रवहहिं करहिं सनाथ।।

रामकृपा से हम लिखा
ऊपर कथा बनाय।
छमिहैं सज्जन, राम शिव
सारद सेष सहाय।।

विद्या से भूषित किया
तुमने हे रघुनाथ!
किन्तु जगत ने छल किया
दिया न सत का साथ।।

जग में सीता राम हैं
गिरा अरथ सम ब्रह्म।
प्रणव परम परमात्मा
जगदाधार स्तम्भ।।

* * *

जगन्नाथ

हे जगन्नाथ! हे दीनबन्धु!!
तुम आज पधारो द्वारे में।
मैं बाट जोहता हूँ कबसे
तुम आओ इस गलियारे में।
मैं भक्तिहीन, मैं शक्तिहीन
तुम तेज पुंज रखवाले हो।
तुम निर्मल हो जग–मोहन हो
तुम सुन्दर सहज दुलारे हो।
तुम मातु, पिता, औ स्वामी सखा
जगती के पालनहारे हो।
तुम जगदात्मा, तुम परमात्मा
तुम साधन, साध्य सँवारे हो।
अब कृपा करो हे नारायण!
तुम ही सर्वत्र सहारे हो।

* * *

भावना

भावनामय सारा संसार
सहज जीवन आचार–विचार,
भावना में बसते भगवान
अन्यथा कहाँ रहें भगवान!

भावना से मिलती है सिद्धि
भावना जीवन का आधार,
भावनाहीन मनुष्य निकृष्ट
भावना ईश्वर का उपहार।

भावना हीन बन्धु हैं व्यर्थ
भावनारहित कहाँ परिवार?
दिखावा मात्र रहा यदि शेष
रहा फिर कहाँ सहज व्यवहार।

भावना भक्ति, शक्ति का रूप
स्नेह का है अक्षय भण्डार
बाँधता यही जगत को सदा
सत्य निष्ठा का यह आगार।

तिमिर को हरता है आलोक,
भावना, श्रद्धा औ विश्वास –
रहे भरता भारत में सदा
त्रिगुण में है जीवन का वास।

* * *

शरत् प्रात

नव तुषार से सरसित उपवन,
रश्मिरथी की रश्मि स्पर्श कर
पुलकित वन, प्रसून, जन, केतन –
चेतन भाव भरा।

हरित मखमली अवनी अंचल,
शुभ शकुन्त कूजति निकुंज तल,
चंचरीक–दल मुखर कंज दल
उर–उर हास भरा।

स्फूर्ति पूर्ण नव नव शस्यांचल,
गेहूँ ज्वार चणादिक चंचल,
समुत्फुल्ल जड़दल भी चेतन,
भास्कर के भास्वर प्रभाव से,
दूरम्लान कुहरा।

* * *

आ गये बादल

आ गये बादल
रुई से धुनके हुए नभ
छा गये बादल।

एक झब्बा पास,
एक झब्बा दूर,
कहीं बोले दूर दूर मयूर
फाल्गुनी रुत में छितरते
इन्द्रधनुषी रंग भरते
आ गये बादल ।

गन्धवह का एक झोंका खुशनुमा
आम की है डाल बौरों से लदी
गुनगुनाते भ्रमर, कोयल कूजती
तितलियाँ अगणित सुमन रस चूसतीं
पीत रज कण से भरी पंखों सजी
मस्त, मादक, मदन रुत, छायी जहाँ
फाल्गुनीरुत, स्निग्ध शाश्वत –
है वहाँ।

रंग, रोली, दीप, अक्षत, दूर्वादल
पुष्प रस–भर
आ गयी होली रंगीली फिर यहाँ।

* * *

भारत अब तो जाग

सज्जन तो अधिकांश हैं
पर सब हैं निरुपाय,
कुछ मूढ़ों ने ठग लिया
सबको कर असहाय।

अब तो अति है हो चुकी
फैला है अन्याय,
शुद्ध गरल मिलता नहीं
शुद्ध दवा कहँ पाय।

गली गली दारू मिलै
मिलै न निर्मल नीर,
गंगा जमुना चलि बसीं
हरै को जन की पीर।

जितना भुनना था भुने
गांधीजी महाराज,
अब तो सीधा चल रहा
नकली गांधीराज।

भ्रष्ट शिष्ट कहला रहे
जगे ठगों के भाग्य
सभी लूटने में लगे
भारत अब तो जाग!

बहुत सहन है कर चुका
क्रूर कुटिलता राज,
कब तक धोखा खायगा
भारत अब तो जाग!

सभी ओर अन्याय है
जायँ कहाँ कर भाग,
कितना और धीरज धरैं
भारत अब तो जाग!

***

शिव के निवास को मत छेड़ो (हिमालय त्रासदी पर)

शिव के प्रकोप को आज तलक
कोई न कभी सह पाया है,
हों देव, दनुज औ कोई भी
नत मस्तक होकर आया है।

जो सहज शान्त है सदा रहा
उसको मानव ने छेड़ा है,
यह छोटी मोटी बात नहीं
यह महा विनाश–बखेड़ा है।

मानव ने अपने आप स्वयं
ही देवों को ललकारा है,
यदि देव–दृष्टि खुल गयी
सोच लो हाहाकारी धारा है।

अतिपावन है, अतिशान्त प्रान्त
हर का, हरि का पावन आसन,
हम उसे मिटाने को आतुर
प्रति क्षण करते हैं दुःशासन।

हिमगिरि ने है हुंकार भरी
पूरा भारत थर्राया है,
अब भी न सुधार सके तो –
फिर तो महादेव की माया है।

शिव की समाधि यदि टूट गयी
हिमगिरि विनाश सम्भावी है,
इसलिये छोड़ दो उन पर ही
हे मानव! विपदा भावी है।

मत ध्वस्त करो पावन–पर्वत
रहने दो जंगल–मंगल हैं,
फिर भी न समझ आया तो –
समझो आगे महा अमंगल है।

इस दिव्य हिमालय में स्थित
सुन्दर फूलों की घाटी है,
औ महायोगियों का ज्ञानगंज
जहाँ सहस्रों बरसों की परिपाटी है।

जैसे तैसे भी हैं पर्वत
वैसा ही उनको रहने दो,
मत उन्हें बिगाड़ो और अधिक
स्वायत्त उन्हें भी रहने दो।

यदि ग्यारह रुद्र जगे फिर से
तो होगा सचमुच हूह–हास,

भारत का गौरव–गिरि टूटा
तो होगा ही निश्चय विनाश।

यह था छोटा सा खण्ड प्रलय
अब पूर्ण प्रलय आगामी है,
जागो, मत प्रकृति विनष्ट करो
उसका विनाश जग–गामी है।

ये बाँध बने जो बालू के
निश्चय ही तब ढह जायेंगे,
जब जन–प्रपंच के लिए
स्वार्थ के झटके रह–रह आयेंगे।

मानव इतना निष्ठुर होगा
हिमगिरि ने कभी न जाना था,
शिव के आसन को मूढ़ मनुज
ने केवल जड़ पहचाना था।

जब सागर से निकला हिमगिरि
उसको तब नव पहचान मिली,
शिवशंकर ने डाला डेरा
तब जड़ में चेतन जान डली।

बस गये देव सब आसपास
वन से आच्छादित ग्राम–धाम,
हम उन्हें ध्वस्त करके प्रतिक्षण
कहते मिथ्या उन्नति तमाम।

अब तो प्रपंच को छोड़ –
हिमालय का अभिनन्दन करलो,
भारत के रखवाले शिव का
शत–शत प्रणाम, वन्दन करलो।

शिव परम पूज्य हैं, देवेश्वर
वे महादेव कहलाते हैं,
मत उनकी सत्ता को छेड़ो
वे दिव्य प्रभाव दिखाते हैं।

सारी समष्टि उनकी रचना
यह सृष्टि उन्हीं का केतन है
उनसे ही मिलता ज्ञान, ध्यान,
वे सदा सर्वदा चेतन हैं।

वह पुरुष सूक्त के दिव्य पुरुष
ब्रह्माण्ड व्याप्त अविनाशी हैं,
उनका पूजन–अर्चन कर लो
सत्कार्य स्वतः आभाषी है।

मत ध्वस्त करो तुम, प्रकृति–पुरुष
की माया बड़ी निराली है,
ये नदियाँ, निर्मल धारायें
शिव, गंगा की छवि वाली हैं।

ओ मनुज! जाग जाओ अब भी
पर्वतमाला को मत छेड़ो,

नदियों को बहने दो स्वतंत्र
उनके पथ को अब मत मोड़ो।
यदि धीरज टूट गया नद, नदियों–
का तो आयेगा फिर महा प्रलय,
औ देव भूमि मिट जायेगी
सब हो जायेगा शिव में लय।
हिम के आलय को रहने दो
शिव की सत्ता मत करो नष्ट,
वे अभी तुरीयावस्था में हैं
जागे, सब होगा नष्ट–भ्रष्ट।
हमने तो है लिख दिया वही
जो शिवजी ने लिखवाया है,
अब सोचो, समझो, मनन करो
आगे ईश्वर की माया है।

* * *

नूतन प्रभात

आया नूतन सुन्दर प्रभात,
है बीत गयी अब सघन रात।
हैं लगी चह–चहाने चिड़ियाँ,
जुड़ती जीवन में नव कड़ियाँ।
झरती है झर–झर शेफाली,
अरुणोदय की फैली लाली।
हैं चटक खिल रही नव कलियाँ,
उड़ती उन पर भ्रमरावलियाँ।
जा रहे पाठशाला बालक,
भारी बस्ता लेकर–पालक।
मन में है अति उत्साह भरा,
भावी जीवन हो हरा–भरा।

***

परिशिष्ट

रचनाकार की कीट–विज्ञान विषयक पुस्तकें

Agricultural Insect Pests and their Control

V.B. Awasthi

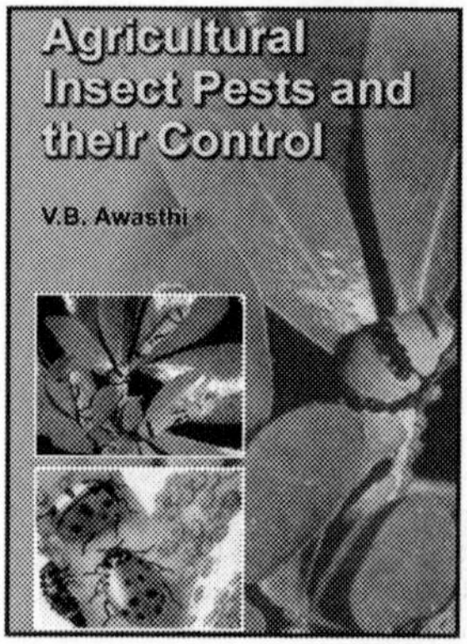

This book has been mainly written keeping in view the requirements of the students of Agricultural Entomology of various Indian Universities. The book provides a brief account on the structure, function, development and metamorphosis, and a comprehensive account on almost all the methods of pest control. The nature of damage caused by the important insect pests of crops, their life histories and control have been described. It is hoped that the students of Agricultural Entomology, will find the book extremely useful. The book is also useful to the Plant Protection Departments and similar Institutions. The book will also be useful to those who are preparing for competitive examinations conducted by various central and state Government agencies for recruitment. Every attempt has been made to provide necessary information from the point of view of students of Agricultural Entomology, which is not available in other books.

CONTENTS

साइंटिफिक पब्लिशर्स (इंडिया), जोधपुर E-mail: info@scientificpub.com

Insect Neuroendocrines

V.B. Awasthi

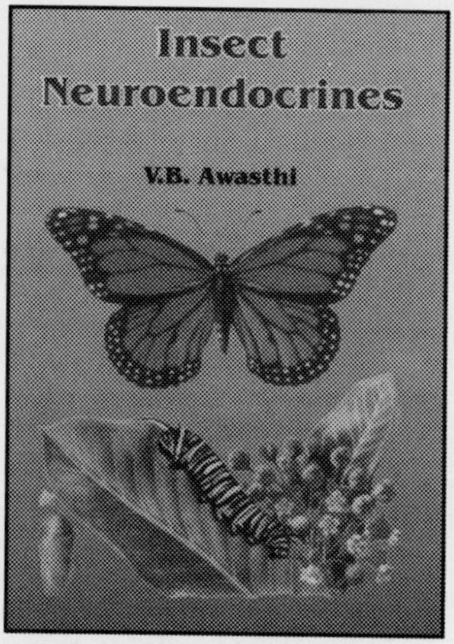

The aim of the author has been to present an account of the neuroendocrine system of insects, the super importance of which is well established, and also to provide information as far as possible directly, through the ultrastructural illustrations. Besides, an account of some of the hormo-nally controlled phenomena of vital significance is given.

It is hoped that the theoretical account, and a large number of ultrastructural illustrations of some of the prominent pioneer authors included in the book, will provide ample information to the post graduate students and research scholars of insect neuroendocrinology as well as to those engaged in carrying out researches on comparative endocrinology, insect ethology, cell biology and developmental biology in various universities and acquaint them well with almost all the components of the neuroendocrine system in the active, inactive and various developmental stages, alongwith ultrastructural changes occurring in the cells and their organelles, that are associated with specific functions. I do hope that the book will stimulate the readers and serve as a ``text book cum basic research monograph'' on the subject. The book also contains a list of selected bibliography for a detailed study.

Principles of
Insect Behaviour

2nd Revised & Enlarged Edition

V.B. Awasthi

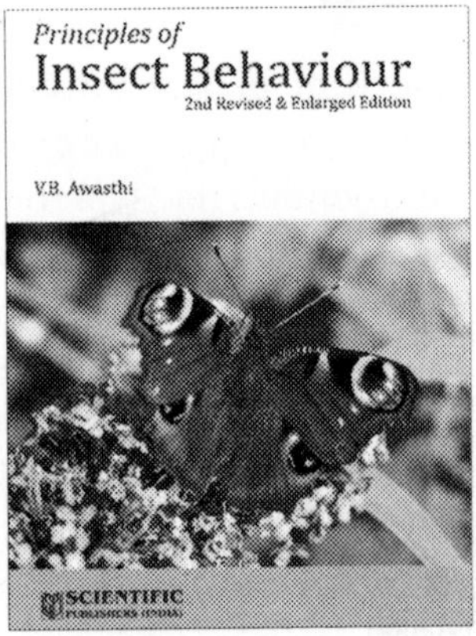

The aim of writing this book has been to provide an account of the principles of insect behaviour for the post graduate students of Entomology and general Zoology of all the Universities and Research Institutions as well as to the research scholars engaged in the study of different aspects of Insect behaviour. It is also useful to general readers who have basic knowledge of Biology and have curiosity to know why the insects are vividly coloured, have peculiar shapes, produce sound and light; how they communicate and why bees and wasps sting when disturbed.

Significance of insects in pollination of plants associated with the production of seeds, gains and fruits, the role of hormones, pheromones and other chemicals controlling various vital events of the insect behaviour has also been described. The importance of insect migration, control of insect pests by behavioural means has also been discussed. Thus, this book deals with almost all major aspects of insect behaviour.

It is hoped that this book will be useful not only to the students of Entomology-Zoology and research scholars of insect behaviour, but also to naturalists who wish to know about some of the mysteries of these small creatures and their lifestyle.

Contents

साइंटिफिक पब्लिशर्स (इंडिया), जोधपुर E-mail: info@scientificpub.com